KB092770

# 100세에도 일하고 싶은 바리스타

# 100세에도 일하고 싶은 바리스타

버림받을 것인가, 설계할 것인가?

김영한 지음

대양미디어

# 버림받을 것인가, 설계할 것인가?

2009년 UN에서 호모 헌드레드(Homo hundred)라는 용어를 처음 사용했다. 인간의 수명이 연장되면서 100세 시대가 도래했다는 것을 상징한다.

100세 시대에도 어렵게 사는 노인들이 많다. 노인 자살률이 OECD 국가 중에서 우리나라가 가장 높다. 독거노인이 고독사하는 경우가 많다.

지금으로부터 60년 전 내가 초등학교 학생 시절에 방학 때면 시골 할아버지 집에 갔다.

산과 들을 뛰어다니며 잠자리 잡고 도랑물에서 물고기 잡던 시절이 기억난다. 또 하나 잊을 수 없는 것은 시골 초가집

문 앞에 노인네가 쪼그려 앉아서 멍하니 밖을 보고 있는 모습이다.

당시에는 환갑이 지나면 아들에게 농토를 물려주고 집에 들어앉는 것이 풍습이었다. 환갑이 지난 수염 난 할아버지가 초라한 모습으로 문 앞에 앉아서 죽을 날만 기다리고 있었다. 환갑이 지나면 스스로 늙었다고 생각하고 죽음을 재촉하고 있었던 것이다.

이제는 우리나라의 평균수명이 80세가 넘었다. 오래 사는 것에도 세 가지 유형이 있다.

단순히 오래 사는 것(Living longer), 건강하게 오래 사는 것(Living well), 영리하게 오래 사는 것(Clever long)이다.

몸도 건강하고 머리도 영리하게 사는 사람으로 104살의 김형석 교수가 있다.

그는 104살이지만 아직도 강의를 하고 TV 토크쇼에 출연하기도 한다. 그는 한 TV 강연에서 자신이 가장 만족한 나이가 60~75세라고 했다.

75세가 되더라도 공부하고 성장하면 충분히 백 살까지 건강하게 살 수 있다고 한다.

김 교수는 50대에 어떻게 하면 85세까지 잘 살 수 있을까를 계획하고 준비해야 한다고 당부했다.

나는 카페에서 바리스타를 하기에 손님들과 대화하는 시간이 많다. 손님 중에서 가끔 내 나이를 묻는 사람이 있다.

"75세입니다."

"정말이요? 나는 60대로 보았는데!"

그러면 나는 다시 손님에게 묻는다.

"내가 앞으로 몇 년이나 더 살 수 있을 것 같아요?"

"충분히 20년은 더 사실 수 있을 것 같아요."

내가 목표로 하고 있는 나이에 비슷한 추정을 한다.

"그 나이에도 요양원에 가지 않아야 하지요."

내가 이처럼 늙어 보이지 않고 건강하게 100살 가까이 살 수 있을 것 같게 된 것은 40년 전부터 100살을 목표로 나의 100세 DNA를 설계하고 나의 몸, 마음 그리고 미래를 관리해 왔기 때문이다.

버림받는 시니어가 될 것인가 꿈이 있는 시니어가 될 것이냐는 이 100세 DNA를 어떻게 설계하고 실천하느냐에 달려 있다.

첫 번째 헬스지능은 신체적 건강을 유지하기 위해 매일매일 건강을 위한 운동을 한다.

건강 식단으로 음식을 섭취하며 안 먹는 것도 챙긴다.

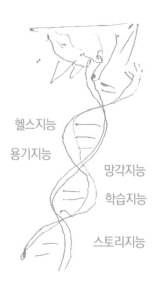

헬스지능
용기지능
망각지능
학습지능
스토리지능

　뇌가 몸보다 먼저 죽는바 두뇌건강에 유념하여 치매와 같은
정신질환을 피한다.


　두 번째는 용기지능이다.
　세상은 10년마다 완전히 뒤집어진다. 변화의 때가 오면 용
감히 변화한다. 용기를 잃으면 전부를 잃는다.


　세 번째는 망각지능이다.
　삶의 과정에서 크고 작은 실패는 온다. 실패로 인해 스트레
스와 우울증에 빠지지 말고 잊을 수 있는 것은 깨끗이 잊어라.

새로운 학습을 하려면 낡은 지식도 잊어야 한다.

네 번째는 학습지능이다.

아날로그 시대의 지식으로 디지털 시대에 적응하기 어렵다. 배우지 않으면 세상을 따라잡을 수 없다. 고객과 소통하려면 배워야 한다.

다섯째는 스토리지능이다.

시니어도 자립해야 한다. 자립하려면 스토리 능력이 있어야 한다. 재미를 만들어내고 고객의 호기심을 자극할 수 있는 스토리를 만든다.

| 차례 |

Part 3 뇌는 몸보다 먼저 죽는다(헬스지능)

Part 6 제주도는 시니어의 건강 로드맵 세트

에필로그

Part
1

용기를 잃으면
전부를 잃는다
(용기지능)

# 40세에 삼성 임원을 그만두다

나 김영한은 지금으로부터 45년 전인 나이 30살에 삼성전자에 다녔다.

당시만 해도 삼성전자는 수원시 매탄동 벌판의 가전회사였다. TV, 냉장고 등을 일본 가전회사에서 부품을 수입해서 수원 공장에서 조립해서 판매했다.

1980년대까지만 해도 금성사라는 선발 가전회사가 국내시장을 장악하고 있었기에 후발인 삼성전자는 판매가 잘 안 되었다. 판매가 부진하면 회사가 위기라고 해서 극기훈련을 했다.

1983년 연말이 되자 내년에 혁신을 하자는 의미에서 간부들이 용평으로 극기훈련을 갔다.

1,800m 발왕산을 밤중에 넘어서 새벽에 건너편 초등학교로 모이는 훈련이었다.

이 훈련에 앞서 서울의대 유택종 교수의 건강특강이 있었다.

유 교수는 강의를 시작하자마자 "여러분들은 인간의 천수가 몇 살이라고 생각하느냐?"라고 질문했다.

40년 전인지라 수강자들은 "70살이요!"

조금 더 길게 보는 사람은 "80살이요!"

80살이 끝이었다.

그러자 유 교수가 말한다.

"아니요. 사람의 천수는 120살 정도예요."

"모든 동물은 성장기의 5배 정도가 천수라고 한다. 사람은 25살 정도까지 성장하는바 120살 정도가 천수일 수 있어요. 그동안 7~80살 정도까지밖에 살지 못한 것은 건강관리가 잘되지 않고 의료시스템이 잘 보급되지 않아서이지요. 지금 4~50대인 여러분들은 건강관리를 잘하면 100살까지는 충분히 살 수 있어요."

당시 35살인 나는 생각했다. 나도 100살까지 살 수 있구나.

만약 100살을 산다면 지금까지는 3분의 1 정도밖에 살지 못하였구나.

앞으로도 60년 이상 살아야 하는구나. 그러면 다가올 60년을 어떻게 살아가야 할까?

나는 그날 이후로 100살을 사는 것을 삶의 목표로 정했다.

# 어차피 홀로 산다면 일찍 홀로 선다

나는 삼성전자의 컴퓨터 사업의 창립멤버였다.

컴퓨터 영업이 잘되자 금세 과장에서 부장으로 승진하였다. 80년대에는 삼성그룹이 반도체, 통신, 컴퓨터 사업을 확장하고 있었다.

나는 컴퓨터사업확장계획서를 써서 HP와 삼성전자가 합작하는 삼성 HP를 만들었다. 합작회사의 마케팅 실장으로 자리를 옮겨서 근무하던 중에 삼성전자가 국산 PC를 만들면서 컴퓨터사업 부장으로 복귀했다.

당시에는 삼성전자의 인력이 가전사업에 집중되어 있어서 40세의 젊은 나이에 임원이 될 수 있었다. 나는 이때 생각했다. '어차피 회사생활을 6~70세까지 할 수 없다면 일찍 홀로 서는 것이 좋을 것 같다. 사회라는 치열한 경쟁의 사회에서 홀

로 서려면 잘나갈 때, 자신이 있을 때 그만두는 것이 낫겠다.'

삼성그룹의 인재개발원에서는 임직원들을 수시로 교육시킨다. 그래서인지 다른 기업에서 삼성 출신을 선호하고 삼성을 그만두고 산업 강사가 되는 사람도 꽤 있었다.

삼성 출신의 산업 강사가 인성, 리더십, 영업, 동기부여, 자기 개발 등에는 몇 명씩 있지만, 마케팅에는 없었다. 나는 삼성을 그만두고 프리랜서가 되어 마케팅 강사를 하면서 대학원에 가서 공부를 더 하고 싶었다.

1997년 삼성을 그만둔다고 하자 모든 사람이 반대를 했다.

"왜? 그 좋은 회사를 그만두냐?"고 했다.

"남들은 못 들어가서 아우성인데 사표를 낸다는 것이 말이 되느냐?"

특히 와이프가 더 심하게 반대했다.

"그만둔다고 해도 절대 밥은 굶기지 않을 테니 내가 하고 싶은일을 하고 싶다. 더 이상 반대하지 말라"고 했다.

퇴임하는 날에 직원을 모아놓고 마지막 퇴임 인사를 했다.

"잘될 때 떠나서 다행이지만 아쉬운 점도 많다"라고 말하면서 가볍게 눈물도 났다.

퇴임하고 다음 달에 집 근처 작은 건물에 '하이테크 마케팅 연구소'라는 간판을 달았다.

당시 마케팅이란 광고다 하는 정도로 마케팅 인식이 별로 없던 때라 삼성 출신이 마케팅 강의를 한다 하니 대기업 연수팀에서 강의 요청이 들어왔다.

사무실이 집 근처라 출퇴근 시간을 온전히 내 시간으로 쓸 수 있어서 이 시간에 『하이테크 세일즈 전략』이라는 책을 썼다.

첨단산업의 세일즈 기법이 전무한지라 이 책은 교보문고에서 베스트셀러가 되었다.

책이 잘 팔리자 이 책에 나오는 세일즈 기법을 기업체에서 강의해달라는 요청이 많이 들어왔다.

퇴임하고 1년 만에 홀로서기에 성공하였다.

# IMF 때 작가로 변신

이후 나는 대기업 연수원의 인기 강사가 되어서 강의료 수입만으로도 삼성 시절의 연봉을 훨씬 넘었다. 마케팅 강사로 유명해지자 컨설팅 의뢰가 들어왔다. 컨설팅사업과 리서치 사업도 같이하면서 꽤 성공한듯했다. 1997년에 IMF 금융위기가 오면서 이 모든 사업은 다 접어야 했다.

봉천동 꼭대기 서민 아파트에서 어려운 생활을 하던 중에 총각네 야채가게 성공기사를 신문에서 보고 대치동을 찾아갔다.

이영석의 싱싱 생생한 과일을 열정적으로 판매하는 모습을 보고 이 사례를 책으로 쓰기로 했다.

『총각네 야채가게』 책은 출간되자마자 날개 돋친 듯 팔렸다.

IMF 위기로 모든 사람이 패배감에 싸여 있을 때 젊은 총각들이 야채가게를 하여 성공하였다는 이야기는 커다란 용기를 주었다.

기업체와 공공기관에서 강의 요청이 쇄도하여 나는 총각네 야채가게 강의를 하기에 바빴다.

강의를 하면 책이 더 잘 팔려서 금세 1만 부를 넘고, 5만 부, 10만 부를 찍었다.

국내에서 이 책이 잘 팔리자 일본, 중국, 태국에서 번역본이 출간되었다.

TV, 신문에서 자주 보도가 되면서 많은 사람이 총각네라는 단어가 친숙하게 느껴지자 총각네 야채가게라는 뮤지컬이 만들어져서 대학로 소극장에서 공연되었다.

나는 일약 베스트셀러 작가가 되었다.

다른 출판사에서 책 집필의뢰가 들어와서 『스타벅스 감성 마케팅』, 『민들레영토 희망스토리』를 썼고 이 책도 베스트셀러가 되었다.

책이 잘 팔리자 강의 의뢰가 봇물처럼 쏟아져 들어왔다. 위기를 콘텐츠로 극복하고 다시 유명강사로 인기를 끌었다. IMF 때 어려움을 겪었지만, 변신의 계기가 되었다. 컨설턴트에서 작가로, 산업 강사로 변하게 되었다.

# 떠날 용기를 잃으면 모든 것을 잃는다

시간이 지나면서 잘 팔리던 책이 안 팔리고 그 많던 기업체 강의 의뢰가 점차 줄어들었다. 간간이 강의를 나가도 만족도가 떨어졌다. 시대가 변하고 사람들의 기호가 바뀌고 있는 것이 몸으로 느껴졌다.

이때 동물의 왕국 TV에서 늙은 사자의 최후를 보게 되었다. 사자무리의 우두머리였던 수사자가 노쇠해져 걸음걸이마저 불편해 보였다. 얼마 후 사자무리는 이 늙은 수사자를 홀로 남겨두고 떠난다. 이 모습을 보고 있던 하이에나 무리가 늙은 사자를 공격한다.

이 장면을 보면서 나는 생각했다.

'나도 저 늙은 사자가 아닌가?'

늙은 사자와 다른 점이 있다면 나는 하이에나가 없으며 나

혼자 힘으로 살아갈 수 있는 새로운 환경을 선택할 수 있다는 것이다. 내가 디지털의 전투적인 환경에 살아남을 수 없다면 아날로그의 새로운 세계로 이동해야 한다고 생각했다. 60이 넘은 아날로그 세대인 나에게 제주도는 아날로그 신세계처럼 보였다.

'그렇다. 제주도로 옮기자!'

모든 것이 디지털로 바뀌고 있는데 아날로그 세대가 서울에서 버티고 있다가는 모든 것을 잃을 수 있겠다는 생각이 들었다. 그 무렵 나는 제주도로 마케팅 컨설팅을 가게 되었다.

바닷가의 한 카페를 컨설팅하면서 한적한 해변가의 아름다운 경치의 매력에 흠뻑 빠졌다. 이때 떠오른 것이 바로 웨딩 포토숍(Wedding Photo shop)이다.

아름다운 바다를 배경으로 신혼부부가 웨딩드레스를 입고 결혼기념 사진을 찍는 사업을 구상했다.

서울 서초동에 있는 아파트를 전세 놓고 전세자금으로 사계리 바닷가에 민박집을 웨딩 포토숍으로 개조하였다.

2013년 3월 말 맘마미아 영화에 나오는 바닷가 채플처럼 아름다운 맘마미아 웨딩 포토숍을 오픈했다. 마케팅 컨설턴트가 참신한 아이디어라고 생각하고 오픈한 웨딩 포토숍은 손님이 오지 않았다.

# 커피의 신대륙에 발을 들이다

제주도에는 젊은 사람들이 드물고 이들이 결혼하여도 웨딩숍에서 하지 않고 마을회관이나 집에서 사흘 동안 한다. 웨딩포토는 거의 찍지 않으니 수요 자체가 없었다.

육지에서 결혼할 사람은 결혼 전에 사진을 찍으러 며칠 동안 제주도까지 올 사람도 존재하지 않았다. 결국, 3개월 동안 손님 1명 밖에 없어서 문을 닫을 수밖에 없었다.

이 모습을 보고 있던 옆집 식당 주인이 찾아왔다.

"포토숍의 문을 닫게 되어 아쉽겠지만 차라리 잘된 일이에요."

이 식당 주인은 이어서 말한다.

"이 자리는 그런 포토숍을 할 자리가 아니에요. 올레길 10코스 중에서 가장 아름다운 바다 풍경이고 올레길을 걸을 사람은 이 집 앞을 반드시 지나게 되어있어요. 그런 장점을 살려서 커피숍을 해보세요."

내가 서울에서는 유명한 마케팅 컨설턴트였는데 막상 자기 사업을 망쳐놓고 시골 식당 주인에게 컨설팅을 받고 있었다.

그러나 그의 컨설팅은 눈뜬장님이었던 나의 눈을 뜨게 했다.

여지까지 나는 이기적인 눈으로 이곳을 보아왔구나. 고객의 눈으로 보면 이보다 좋은 커피숍이 없구나. 이곳에서 카페를 하려면 두 가지의 문제가 있다. 커피에 대해서 아는 것도 없고 아무런 스킬도 없다는 것이고 더 큰 문제는 카페로 개조하려면 자금이 필요한데 나에게는 그럴만한 돈이 없다는 것이다.

제주도에는 아는 사람이 한 명도 없는지라 돈을 구할 수 없어 서울에 있는 은행에서 신용대출을 받아 돈을 구했다.

커피를 모르는 것은 바리스타 교육을 받기로 했다. 서귀포에서도 최남단 바닷가 어촌인 사계리에는 커피를 배울 만한 곳이 없었다.

제주시에 바리스타 학원이 두 군데가 있었는데 그중 한 곳에서 바리스타 교육을 받았다.

사계리에서 한라산을 넘어 백릿길을 오가며 한 달 동안 바리스타 교육을 받고 두 달 만에 자격증까지 받았다. 예순네 살의 실버 바리스타가 커피의 신대륙에 발을 들였다.

# 커피 북방한계선에 도전하다

내가 처음 시작한 바닷가 카페는 위치가 좋고 디자인이 이국적이어서 관광객뿐만 아니라 제주도민들도 많이 찾았다. 매출이 어느 정도 오르자 우리 카페의 바리스타도 두 명으로 늘었다.

처음에는 커피 원두를 유명 브랜드로 사서 썼으나 우리만의 맛을 내기 위해 로스터 기계를 도입하여 나라별로 생두를 볶아서 커핑 테스트를 해보았다.

나도 로스팅 기술을 배워서 직접 로스팅을 하였다. 처음에는 커피에 대해 아는 것이 별로 없었으나 직접 바리스타를 할 수 있게 되었고 블렌딩도 하고 로스팅까지 할 수 있게 되었다.

우리 카페가 잘되자 주변에 새롭게 커피숍이 생기기 시작했다. 경쟁이 치열해진다면 우리의 경쟁력은 무엇인가를 생각해

보았다.

삼성에 있었을 때 이병철 회장이 한 말이 생각난다.

"TV나 냉장고는 누구나 만들 수 있다. 진정한 전자산업의 경쟁력을 갖추려면 원천기술인 반도체를 해야 한다"고 했다.

커피는 누구든지 할 수 있다. 진정한 커피산업의 경쟁력인 원천기술은 무엇일까?

제주커피의 생두 생산이라고 생각했다.

그렇다면 커피나무를 제주도에서 직접 재배를 해보자. 그러나 커피나무는 열대작물에 가까워서 북위 25도가 커피벨트의 북방한계선이다.

제주도는 북위 33도이어서 7~8도의 차이가 있다.

그래도 커피나무는 화산지역에서 잘 자란다고 하니 제주도에서 재배가 가능할 것 같다.

제주도에 커피농장이 있나를 찾아보니 두 군데가 있었다. 두 군데의 커피농장을 찾아가 보니 모두 비닐하우스에서 약간의 난방을 하고 커피나무를 재배하고 있었다.

그렇다면 카페가 있는 지역이 제주도에서도 최남단인바 비닐하우스 내에서 커피나무를 키울 수 있을 것 같아서 주변의 땅을 알아보았다.

제주도는 한라산이 중심에 있어서 동서남북의 기상조건이

다르고 토질이 다르다.

동쪽은 맑아도 서쪽은 비가 오기도 하고 한라산 북쪽인 제주시와 남쪽인 서귀포시의 온도가 2~3도 차이가 난다. 이러한 환경여건이 달라서 동북쪽에는 당근이 서남쪽은 마늘이 동남쪽은 감귤을 주로 재배한다.

아직은 자금이 별로 여유가 없는바 이곳저곳을 다니며 싼 땅을 알아보았다.

어느 곳은 산 중간으로 올라가서 땅이 있고 어느 곳은 너무 크거나 맹지이어서 비닐하우스를 짓기에 적합지 않았다. 지역 부동산업자가 한 달 동안 알아보다가 한곳을 안내했다. 대정읍과 안덕면은 한라산 중 가장 넓은 들판이다. 대정향교 앞 도로에 인접한 마늘밭인데 도로공사로 인해 밭이 분할되어 740평 정도의 적당한 크기였다.

나는 한라산 화산토인 이 땅을 주저 없이 샀다.

# 제조업의 정글로 깊게 들어가다

바닷가 카페를 하다가 커피농장을 시작한 일은 그리 어렵지 않았다.

나의 육체적인 노동이 조금 증가하고 가끔 강풍이나 태풍이 불 때 밤잠을 설치기는 했지만, 그것은 나 혼자의 일이었다. 그러나 커피와인 제조를 하려면 기술개발을 해야 하고 생산시설과 장비가 필요하여 자금이 조달되어야 했다.

생산이 개시되면서는 전문기술자가 필요한데 제주도 시골 마을에서 젊은 사람을 구하기가 어렵다. 제주도는 삼다도라 여성은 많지만, 남성이 비교적 적다. 그리고 말은 제주도로 보내고 사람은 서울로 간다는 말처럼 젊은 남성은 보기도 힘들다. 지역신문에 공고를 내고 커뮤니티 사이트에 모집공고를 내보지만, 응모하는 사람이 없다. 지역에서는 만나는 사람마다 사람을 구한다고 부탁하여 간신히 청년을 만나면 육지에서 내려와서 숙소가 없다고 했다. 채용하려면 원룸 숙소를 마련해주어야 했다. 비용이 급격히 증가하여 운영비가 모자라니 돈을 구해야 했다.

와인을 만드는 대로 팔리는 것이 아니라 생산해서 재고로 가지고 있어야 한다. 물 쓰듯이 돈은 들어가고 재고는 쌓이는 제조업의 정글에 깊이 빠져들었다.

제품을 만들어 놓으면 저절로 팔리는 것이 아닌지라 이것을 마케팅하려면 또 돈이 필요하다.

판매점을 뚫으려고 제주시로 나다니고 안되면 서울로 다니고, 공장은 초보 기술자들이 헤매고 있었지만 별수가 없었다. 국내판매가 어렵다고 생각하여 해외판매를 해보자 생각하고 중국판매개척사업에 참여했다. 중국의 한국상품박람회, 한국식품판매전시회, 중국 현지 바이어상담회에 참가하기 위해 상하이, 칭다오, 난징, 닌니 등을 들락거렸다.

중국 출장은 4~5일 정도인바 이 기간은 아예 국내에 없게 된다. 회사는 무방비 상태이고 월급과 경비는 나가고 판매는 안 되니 차입만 계속 늘어났다.

# 비닐하우스는 태풍 앞에 고무풍선이다

세계 3대 커피는 자메이카 블루마운틴, 하와이 코나, 예멘 모카이다.

이들의 공통점은 화산지역이라는 점이다. 커피나무가 화산지역에서 잘 된다면 제주도는 화산지역이다. 제주도에 내려온 첫해 겨울 서귀포에는 눈도 없었고 영하로 내려가지 않았다.

서귀포가 아무리 따뜻하더라도 겨울에 비닐하우스 안에서 키워야 한다. 커피농장을 하려면 우선 비닐하우스를 지어야 한다. 제주도에 아는 사람이 하나도 없고 농사일을 아는 사람은 더구나 한 명도 없었다. 일전에 점심을 먹으러 가는 김밥집 아줌마에게 "혹시 이 동네에 비닐하우스 짓는 사람을 아느냐?"고 물었다.

"아! 어떤 사람이 하우스를 짓는 것 같은데 한번 알아봐 줄

까요?"

사계리에 사는 한 씨라고 비닐하우스만 짓는 사람이었다.

한 씨에게 자재를 어디에서 사고 하우스 짓는 데 얼마나 걸리고 비용이 얼마가 드는지 물었다.

"어디에 몇 평이나 짓는데요?"

땅은 정해졌지만 비닐하우스를 몇 동, 몇 평을 지을 것인지를 결정하지 않았다.

지을 사람을 찾았으니 비닐하우스를 설계할 사람을 찾았다. 우리 카페에 자주 드나드는 사람 중에 진한 에스프레소를 시켜서 마시는 건축설계사가 생각이 났다.

"설계사님, 우리 비닐하우스 좀 설계해줄 수 있나요?"

"아니, 비닐하우스를 설계하는 사람이 어디 있습니까?"

"내부를 설계해달라는 것이 아니라 땅의 위치를 보고 태풍의 영향을 덜 받는 방향과 몇 동을 어느 위치로 배치할 것인가를 설계해주세요."

"세상에 비닐하우스를 설계해달라고 하는 사람은 처음 봅니다만 꼭 해달라고 하면 한번 해볼게요."

그는 태풍이 부는 방향과 강풍에 영향을 주는 산방산의 위치를 고려하여 3동의 비닐하우스의 조감도를 그려왔다.

"그 땅은 새로운 도로를 만들면서 모양이 삼각형이어서 길게 만들기 힘들어요. 그리고 태풍 방향에 비닐하우스의 반원 방향을 배치해야 강풍을 견딜 수 있어요."

설계도가 나오자 한 씨를 만나서 제작 기간과 건축비용을 합의했다.

감귤농협 자재를 사러 가기 전에 한 씨에게 물었다.

"하우스 높이가 몇 센치예요?"

"감귤 하우스의 쇠파이프 높이가 3m예요."

"그럼 높이를 50㎝ 잘라주세요."

"아니 여짓까지 쇠파이프를 잘라낸 사람이 없어요."

"태풍 영향을 덜 받게 하려고요. 커피나무의 높이가 감귤처럼 높지 않거든요."

한 씨는 고개를 갸우뚱거리면서 높이 2m 50㎝짜리 비닐하우스를 만들었다.

비닐하우스가 만들어지자 곧바로 태흥리에 있는 커피농장에서 커피나무 200주를 옮겨 심었다.

비닐하우스에 3~5년생 커피나무가 심어지니 그런대로 커피농장이 되었다.

이후 여름부터는 태풍이 불어왔다.

제주도의 태풍은 여름에는 초속 25m, 그다음에는 초속 30m, 초가을이 되면 초속 35m, 40m까지 강해진다.

사계리에 있는 한라봉 농장, 딸기 농장은 태풍에 비닐하우스의 지붕이 날아갔다.

비닐하우스는 태풍 앞에 거대한 고무풍선이지만 우리 커피 농장은 지난 7년 동안 수십 차례 태풍에도 비닐하우스 손상은 없었다.

## 기죽지 말라-
## 끊임없이 제주커피를 만들자

열대 식물인 커피나무는 최적 환경으로 커피벨트(Coffee belt)가 있다.

적도를 중심으로 북위 25도와 남위 25도 사이로서 아프리카, 남미가 주생산지이다.

아프리카 지방에서도 해발 1,500m 정도로 야간에는 약간 서늘한 지역에서 잘된다.

그중에서도 화산지역에서 고급 커피가 생산되는 것은 화산토 유기질이 많고 배수가 잘되기 때문이다. 제주도는 화산지역이라 커피나무가 잘 클 수 있을 것이라고 생각하여 9년 전에 커피농장을 시작했다.

나는 우리나라의 커피 시장은 매우 큰데 제주산 커피가 없다는 것이 안타까워서 제주형 커피를 만들고자 여러 가지 실험을 하였다.

제일 먼저 시도한 것은 제주발효커피이다.

인도네시아 루왁 커피는 사향고양이의 체내에서 발효된 커피이다. 제주도에는 쉰다리라는 발효음료가 있는데 이는 남은 밥에 누룩을 버무려서 약간 발효시켜 만든 제주식의 발효음료이다.

나는 생두를 쉰다리처럼 누룩으로 발효시켜서 '제주몬순'이라는 생두를 만들어서 로스팅하여 판매했다. 약간 구수한 맛이 나고 깔끔한 커피이어서 고객의 반응이 좋았다.

8년 전에는 커피나무를 직접 키우기 위해 화산토에 커피농장을 만들었다.

비닐하우스에 커피나무를 키워야 하기에 겨울에는 약간 난방을 하였다. 서귀포지역은 겨울에도 영하로 내려가는 날이 3~4일 정도밖에 되지 않지만 5도를 유지하기 위해 야간에는 난방을 하였다. 그런대로 2년이 지나도 수익이 나지 않았다.

이때부터 커피 잎으로 녹차를 만들어보기도 했고 커피 열매 껍질로 차(Tea)를 만들어보았으나 맛이 별로이어서 모두 포기했다. 그러던 중에 커피 열매(Cherry)에 당분이 있으니 와인을 만들 수 있을 것 같아서 커피체리와인을 만들었다.

이제는 뭔가 돼가는 것 같아서 커피와인 제조허가를 국세청에 신청했으나 반려되었다.

커피 열매껍질은 식약청에 식용으로 등록되어 있지 않다는 이유로 제조허가를 내줄 수 없다고 했다. 그럼 식용허가가 난 생두(Greanbean)로 와인을 담가 보자고 생각했다.

그린빈 와인으로 국세청에서 주류제조허가를 받았다. 그린빈으로 와인을 만든 것은 내가 세계최초이고 기술특허도 받았다. 그러나 너무 생소한 제품이라 시장에서 판매가 잘되지 않았다.

그럼 고도주를 만들어보자고 생각하고 커피와인을 증류하여서 브랜디(Brandy)를 만들었다.

이 브랜디를 커피냑(CoffeeNac)이라는 브랜드로 팔아보니 판매도 괜찮았고 2019년에 대한민국 주류대상도 받았다.

2022년에 커피빈을 활성화하기 위해 제주발효커피를 다시 런칭하기로 했다.

발효커피의 맛을 고소한 맛, 와인 맛, 오크 맛으로 다양화했다. 이를 가정용으로 판매하려고 드립백(Drip Bag) 파우치 제품으로 만들어서 유통에 넘겼다.

제주도에서 커피와의 인연 11년 동안에 끊임없이 도전하고 실패해도 기죽지 않고 또 도전하고 있다.

# 배우지 않으면
# 10년마다 바보가 된다
## (학습지능)

# 걸리버가 대인국에서 배워야 산다

흔히들 걸리버 여행기(Gulliver's Travels)는 아동을 위한 재미있는 동화책으로 안다.

걸리버 여행기는 영국의 스위프트(Swift)가 쓴 사회 풍자 소설이다.

이 소설은 4부작으로 1부는 소인국 여행기, 2부는 거인국 여행기, 3부는 라퓨타 여행기, 4부는 말의 나라 여행기인데 이중 소인국 여행기와 거인국 이야기가 동화처럼 알려지고 있다. 나는 500쪽이 넘는 원본의 거인국 이야기에서 교훈을 얻었다.

소인국에서는 걸리버가 자이언트였지만 대인국에서는 손가락만 한 소인이 된다. 이 손가락만 한 걸리버를 자이언트 농부가 자기 집으로 가지고 간다. 이 자이언트 농부의 집에는 자이언트인 9살 딸이 있었다. 이 어린 딸은 나이에 비하여 유순하고 바느질을 아주 잘하였다. 이 딸이 걸리버에게 옷을 만들어주었고 극진히 보살폈다.

걸리버는 이 거인국에서 살아남는 방법은 이들의 언어를 배워서 서로 소통하는 것이라고 생각했다. 소녀는 말을 가르쳐주는 선생이기도 했다. 걸리버가 뭔가를 손가락으로 가리키면 그녀가 그 나라 말로 이름을 말해주었다. 이런 식으로 걸리버는 며칠 만에 거인들과 의사소통을 하게 되었다.

언어의 학습으로 걸리버는 거인국에서 살아남을 수 있었다.

세상은 아날로그에서 디지털로 완전히 바뀌었다. 마치 걸리버가 소인국에서 거인국으로 사회환경이 바뀌었다.

서울은 2000년대 들어서면서 디지털로 변화하였다. 나는 2010년쯤 아날로그 시대에는 거인 행세를 하였지만 디지털 시대가 되면서 손가락만 한 소인이 되어감을 느꼈다.

나는 삼성전자에서 컴퓨터 제품을 마케팅하였기에 IT에 문외한은 아니었지만 모바일은 따라잡기 힘들었다. 그동안 마케팅된 책을 여러 권 쓰면서 시장에 대해 공부를 했지만, 시장이 모바일, 스마트폰으로 옮겨가면서 마치 거인국에 떨어진 손가락 걸리버가 된 기분이었다.

그렇다면 이 거인국을 탈출하는 수밖에 없다. 그래서 선택한 것이 제주도라는 아날로그 세상이었다. 제주도는 아직도 아날로그 세대가 살아갈 곳이 있을 거라고 생각하고 이주하였다.

그러나 제주도 역시 다른 형태의 거인국이었다. 제주도에 맞는 새로운 언어의 학습이 요구되었다.

제주도와 소통하는 언어로 '커피'를 선택했다.

커피를 학습하여 카페를 오픈했더니 나름 잘 되었다.

# 10년마다 세상이 뒤집어졌다

나는 1948년생으로 어린 시절에 6·25를 겪었다. 가끔 돌아가신 어머님으로부터 내가 3살 때 등에 업혀 피난 가던 시절의 이야기를 듣곤 했다.

전쟁 후 모든 것이 파괴되고 먹을 것조차 없었던 세계에서 가장 가난한 나라 중에 하나였다.

지금 기억해보면 필리핀과 베트남에서 쌀을 원조받아서 먹고 살았다.

그 후 근면한 국민성으로 1인당 GNP 1,000불 시대가 되면서 나라다운 모습을 띠게 되었다.

1,000불 시대가 되면서 정부의 역할이 커지게 되면서 정책에 따라 산업과 기업이 좌지우지하게 되었다. 이때에 정부의 부패가 성행해지자 4·19혁명이 일어났고 세상은 크게 바

꿔었다.

대부분의 기업이 수입 대체할 수 있는 사업을 하게 되었고 일본기업이 성장한 모델을 따라 하게 되었다. 5·16 혁명 이후에 기업들이 급속히 성장하여 자동차, 철강, 조선 사업으로 확대하여 대기업들이 만들어졌다. 고용이 늘어나면서 농촌인구는 줄고 도시인구가 급격히 늘어났다.

모든 사회구조가 농경문화에서 산업사회로 바뀌었고 내수시장도 규모가 커졌다.

수출산업도 빠르게 성장하면서 모든 사람이 영어에 익숙해지고 해외여행도 자유화되면서 의식구조가 선진국형으로 바뀌었다. 기업들은 대량생산, 대량판매를 위하여 매스미디어를 잘 활용했다.

TV, 신문에 광고 홍보하고 자체 유통망에서 판매를 하였다. 자금 여력이 있는 도시 중산층의 부모들이 소비를 주도했다.

나는 이 시기에 매스마케팅 업무를 하였다. 그때는 최고의 세일즈맨이었고 마케터이었지만 지금은 그때의 잔상으로 고생을 하고 있다. 26년 전인 1997년에 국가 부도가 났고 우리나라는 IMF로부터 금융지원을 받았다. 이때에는 우리나라의 모든 기업이 제로베이스로 돌아가야 했다.

그때에는 삼성전자도 부도가 날 것이라는 소문까지 돌았었다. 사회는 시스템을 다시 시작해야 했고 기업도 원점에서 다시 시작해야 했다.

다행히 IMF 금융위기는 빠르게 회복되었다. 그 후 바로 젊은 세대들의 닷컴(Dotcom) 기업들이 우후죽순처럼 생겨났다. 그러나 닷컴기업들은 거품(Bubble)처럼 사라졌으나 기업의 온라인화가 불붙었다. 디지털로 무장한 젊은 세대들이 기업에서 주류가 되면서 기업들도 같이 젊어졌다.

온라인쇼핑이 성행하면서 그동안 대기업이 독점해오던 오프라인 매장이 점차 쇠퇴하게 되었다.

애플이 스마트폰을 내놓으면서 다시 한번 세상은 모바일로 바뀌게 된다. 스마트폰 보급률이 100%인 우리나라는 모든 비즈니스가 모바일로 바뀌게 되고 스마트폰에 SNS가 탑재되면서 사람들을 24시간 스마트폰에 가두어 두게 했다.

2019년에 발병한 코비드19 바이러스는 또 한 번 비대면의 세상으로 바꾸어놓았다.

3년이 지나면서 바이러스 비대면은 없어졌지만 모바일, SNS, 비대면에 적응하지 못하면 비즈니스를 할 수 없는 상황이다.

# 한라산 넘어서 커피 학습하다

인터넷에서 찾아보니 제주시에 바리스타 학원이 2곳 있었다. 그 중 한곳에서 바리스타 공부를 하였다. 사계리에서 학원까지는 백릿길이고 한라산을 넘어야 한다. 날씨가 좋으면 한라산 경치 구경삼아 즐겁게 오갈 수 있지만 조금만 기상조건이 바뀌면 500m 정도부터는 비구름 속이어서 10~20m 앞이 보이지 않는다.

지난번 포토스튜디오 사업은 나는 사진기술이 없고 포토그래퍼를 채용해서 했기에 스킬이나 위기대처능력이 없었다.

이번 커피 사업은 내가 스킬을 갖추어야 메뉴의 선택, 스킬의 개선, 바리스타 결원 시에 대처, 경우에 따라서 혼자서라도 카페를 운영할 수 있다.

다행히 65세에 바리스타 자격증을 땄다. 커피에 대한 지식과 바리스타 스킬을 갖추니 여러 가지 메뉴도 개발하고 로스팅도 할 수 있었다. 2개월 동안의 증축을 하여 바닷가에 2층짜리 통유리 카페가 만들어졌다. 당시에는 제주도 전체에 카페가 5~60개 정도였고 바닷가에 2층 카페는 처음이었다. 눈에 확 띄는 리마커블(Remarkable)한 커피숍이 만들어졌다.

씨앤블루(Sea&blue) 카페는 오픈하자마자 사람들이 몰려오기 시작했다. 한 달 정도 되자 1, 2층의 모든 자리가 만석이 될 정도로 손님이 많았다.

모르는 분야라도 시장이 있으면 학습하여 그 분야의 전문성을 갖추고 스킬을 확보하면 된다. 첫 번째 실패를 극복할 수 있었던 요인은 학습(Learning)이었다.

# 원서 구해서 커피 농사법 배웠다

커피농장을 하고 싶어서 산방산 근처의 마늘밭을 사서 비닐하우스를 짓기 시작했다.

커피나무 묘목은 남원면 태흥리에 있는 커피농장에서 구입했다. 태흥리 커피농장 주인에게 커피나무의 특성에 대해 설명을 듣고 관리요령을 전수받았지만 농사일을 한 번도 해본적이 없어서 자세히 물어보지 못했다. 비닐하우스에 5년생 2그루, 4년생 10그루, 3년생 200그루를 심었다.

그다음에 어떻게 해야 하는지가 막막했다. 커피 재배법에 대해 인터넷을 찾아보았지만, 자료는 없다. 책을 사서 보려고 인터넷 서점에서 찾아보아도 커피 재배법에 대한 책은 없었다.

커피농장을 하려는 사람이 없으니 당연히 책도 없었다. 혹시 아마존(Amazon)에는 있지 않을까 하여 아마존 서점에서 찾아보았는데 쉽게 나오지 않았다.

'Coffee Growing'이라는 키워드를 치니 딱 한 권의 책이 떴다.

『Coffee Growing, Processing, Sustanalbe Production』이라는 938페이지의 두꺼운 책이었다.

즉시 주문하니 2주 후에 책이 도착했다. 전 세계의 커피재배 전문가 46명이 쓴 책이었다.

이 책에서 가장 중요한 정보를 얻은 것은 뿌리에 대한 것이다. 아라비카(Arabica)종의 뿌리는 깊고 넓게 퍼지는데 로부스타(Robusta)종은 뿌리가 직근성이고 깊이도 낮았다. 아라비카종의 뿌리는 깊이 4m, 넓이 4m로 넓고 깊다. 그래서 화산토 지역에 잘 성장하고 가뭄에도 잘 견딘다.

커피나무는 주로 씨앗으로 번식하고 수확한 지 6개월이 넘으면 발아율이 현저히 떨어진다.

커피농장을 만들 때는 나무와 나무 사이를 넓게 하여야 하고 도중에 그늘을 만들어 주는 쉐이딩 트리(Shading Tree)를 심어주어야 한다. 나중에 커피산지에 가보니 아예 큰 나무 그늘에서 커피나무를 키우기도 했다. 하와이 코나(Kona)에서는 구름이 햇빛을 가려주는 역할을 하기도 했다.

커피나무는 식물학적으로 꼭두서닛과(科)여서 치자나무와

접목을 하기도 한다. 커피 꽃은 1년에 한 번 피는데 아라비카종은 자가수정이고 로부스타종은 타가수정이다. 로부스타종을 많이 키우고 있는 베트남에서는 커피농장에서 양봉업을 같이 한다. 세계에서 유일하게 베트남에서만 커피꽃 허니를 생산하기도 한다.

# 대학생과 같이 커피와인을 개발하다

강추위로 커피나무가 모두 얼어 죽기 한해 전에 일부의 나무에서 커피 열매를 수확하였다.

맛이 궁금해서 열매껍질을 손으로 까서 로스팅하였다. 제주 커피나무에서 수확한 첫 번째 커피 맛은 기대 이하였다. 뜨거운 햇빛과 충분한 온도에서 자란 원두에 비해서 맛이 심심하고 커피 맛으로서 바디감이 떨어졌다. 나는 이런 품질로는 경쟁력이 떨어진다고 생각하여 대체수익원을 찾으려고 했다.

막상 커피나무가 모두 죽었으니 다시 커피나무를 구해서 심었다. 그리고 보다 적극적으로 다른 수익원을 찾았다. 제일 먼저 커피잎을 녹차처럼 덖어서 커피잎차를 만들어보려고 커피잎에 카페인 성분이 있나를 조사했다. 커피잎에도 녹차처럼 미량의 카페인이 있다는 것이 확인되자 커피잎을 녹차처럼 덖어보았다. 맛이 녹차에 비해 많이 떨어져서 바로 포기했다.

다음으로 커피열매 껍질인 카스카라(Cascara)로 티(Tea)를 만들어보았으나 역시 맛이 별로여서 드롭했다. 커피열매 껍질을 조사하던 중에 상당한 당분(Sugar)이 있다는 것을 알게 되었다.

열매껍질인 체리에 당분이 있다면 와인을 담글 수 있을 것이라 생각했다.

그러나 나는 음식을 전혀 만들어 본 적이 없어서 어떻게 와인을 담가야 하는지를 모른다. 그때 생각나는 것이 제주대학교의 식품영양학과 교수였다. 바로 제주대 식품영양학과 박성수 교수를 만났다.

"이것은 우리 커피농장에서 재배한 커피열매 껍질인데 와인을 담글 수 있을까요?"

"그래요? 커피열매 껍질로 와인을 담근다는 이야기는 들어본 적도 없고 담가 본 적도 없어요."

"그래도 이 껍질에 상당한 당분이 있고 제주산이니 와인을 담글 수 있도록 도와주세요."

"제주산이라면 한번 해보겠습니다."

박 교수는 대학생 4명과 팀을 이루어서 산학협력프로그램으로 커피와인 만들기를 진행했다.

3개월 후 13% 커피체리와인이 만들어졌다. 이 와인은 커피체리로 만든 세계최초의 와인이고 바로 특허 신청을 해서 특허등록까지 되었다. 커피체리와인이 만들어지자 나는 세계최초로 커피와인을 만들었다는 흥분에 빠져서 곧바로 이 와인을 제조할 것을 결심했다.

전통주로 국세청에 주류제조허가를 받기 위해서는 제주도지사의 추천을 받아야 했다. 제주도지사가 지역특산주 제조자로 추천하려면 기본시설과 장비를 갖추어야 한다. 한 치의 망설임도 없이 와인 제조 장비를 구입하였다. 장비를 갖춘 후 도청직원의 실사를 거친 후에 도지사 추천장을 받았다.

도지사 추천서를 첨부하여 국세청에 주류제조허가를 신청했다. 신청서를 제출하고 2주 만에 국세청에서 이 건은 허가낼 수 없다는 통보가 왔다.

왜 허가가 나오지 않느냐고 물으니 식약청에서 커피열매 껍질은 '식용불가'라고 해서란다.

세상에 이런 일이! 나는 와인 제조를 하려고 제조장, 제조설비를 투자해 놓았는데 허가를 낼 수 없다고?

식약청 식약대전을 찾아보니 커피는 식용인데 커피열매 껍질은 제외라고 되어있다. 이 문제를 해결하기 위해서 별의별 노력을 다해보았지만 변함이 없다. 내가 방법을 바꾸는 수밖에 없다. 몇 주 정도 골똘히 생각하다가 새로운 아이디어가 떠

올랐다.

열매껍질이 식용 제외라면 커피로 와인을 담가보자. 볶은 커피도 안 볶은 커피도 커피다.

생두에는 12%의 당분이 있으니 이 당분을 이용하여 와인을 담가 보았다.

지난번 와인을 담갔던 프로세스에서 소재만 바꾸어서 와인을 담그니 11% 그린빈 와인이 만들어졌다. 새로운 재료로 담근 커피와인으로 다시 제조신청을 하여 드디어 주류제조허가를 받았다.

# 술 못 마시는 사람이
# 주류제조허가 신청하다

제주대학교 식품영양학과 학생들과 커피체리와인의 시험제조에 성공하자 나는 작은 영웅심에 도취되었다.

'내가 세계최초로 커피체리와인을 만들었구나!'

그렇다면 커피와인 제조허가를 받아서 생산하고 싶어졌다. 어디에서 어떻게 하면 주류제조허가를 받는지도 몰랐다. 인터넷을 뒤적이다 보니 농민이 전통주 허가를 받을 수 있다고 한다.

나도 농업경영체 등록이 되어있는 농민이고 커피농장도 가지고 있으니 전통주 허가를 받을 수 있을 것 같다. 제주도는 도지사의 추천을 받아서 국세청에 전통주 허가신청을 하면 된다고 하여 서귀포시청을 찾아왔다. 서귀포시청은 제주도는 동서로 길게 뻗쳐있어서 서쪽 끝인 모슬포에서 시청에 가려면 30분 차를 몰고 가야 한다.

도지사의 전통주 제조자 추천을 받으려면 로컬농산물을 증빙할 수 있어야 하고 주류제조의 기본설비를 갖추어야 한다. 제조장을 준비하고 주류제조의 기본설비와 검사 장비를 구입하였다.

까다로운 장비를 구비하고 복잡한 신청서류를 작성하여 시청에 제출하니 며칠 후에 시청에서 현장과 실물확인을 나왔다.

시청에서 신청서를 도청으로 보내고 도청에서 다시 확인을 하고 나서 도지사 추천서를 발부해줬다. 나는 도지사 추천서를 받은 것으로도 제조허가를 받은 것처럼 기뻤다.

그러나 이것은 새 발의 피라는 것을 국세청에 주류제조허가를 신청하고 나서 알았다. 도지사 추천받은 것은 초등학교 입학통지서 정도였다면 국세청 주류제조허가는 대학교 졸업장을 받는 수준이다. 도지사 추천서를 첨부해서 국세청에 주류제조허가신청을 접수했다.

'이제 나도 주류제조업자가 되는구나'라는 상상으로 2주 정도 지나니 국세청에서 전화가 왔다.

'허가가 나왔나 보다'라고 생각하고 전화를 받으니

"선생님이 신청한 주류제조허가가 본청에서 반려되었습

니다."

"아니 왜요?"

"식약청에서 커피열매 껍질은 식용허가가 나지 않는 물질이어서입니다."

'아! 하늘이 무너지는구나!'

다시 공부하자. 커피열매 껍질(Cascara)이 아닌 새로운 커피물질로 와인을 담그는 수밖에 없다.

식약청의 식품대전 사이트에 들어가서 '커피' 항목을 들여다보니 식용란에 커피는 있는데 '(껍질은 제외)'로 되어있다.

이 괄호가 문제이구나! 그렇다면 괄호를 풀어보자. 그래서 생각해 낸 것이 생두(Greenbean)이다.

생두는 식용인데 어떻게 발효를 시키느냐를 골똘히 생각하다가 '생두를 가루로 만들자'라는 아이디어가 나왔다. 생두 가루로 발효를 시켜서 와인을 만들었다. 그래서 다시 국세청에 신청서를 접수했다.

그런데 이번에는 기술검토에서 부적격하다는 의견이 나왔다.

"왜 부적격이냐?"고 물으니 주류기술연구소에서 보류되었다고 한다. 주류기술연구소를 찾아가려고 위치를 물으니 뜻밖에 서귀포시에 있다고 한다.

서귀포시에 있는 주류기술연구소에 가서 무엇이 문제인지 물었더니 커피생두는 과실발효주가 아니라고 한다. 나는 "감귤, 오미자, 사과, 감 등도 과실발효주로 주류허가를 받는데 왜 커피생두만 안 되냐?"고 물었다.

커피생두는 과실이 아니고 곡류이니 과실발효주가 아니라고 한다. 그래서 나는 생두의 당도를 측정해서 "여기에도 당분이 있어서 발효가 된다" 재차 설득을 해도 안 된다.

이 과정을 지켜보고 있던 과장이 나선다.

"커피생두는 과실이 아니니까 과실발효주로 승인할 수 없습니다. 그 대신 꼭 승인을 받으려면 '기타주'로 신청해보세요."

결국, 커피생두발효주는 기타주로 허가를 받았다.

공부하라 그러면 길이 열릴 것이다!

# 고객과 소통하기 위해
# 디지털 기술을 배우다

마케팅의 기본은 고객과의 소통이다. 제주도에서도 최남단 바닷가에서 카페를 하려면 누구를 고객으로 할 것인가? 어떻게 소통할 것인가가 사활을 좌우한다.

사계리 바닷가라서 바다 경치는 좋지만, 마을에서도 떨어져 있고 제주도 사람들은 커피를 좋아하지도 않고 더구나 돈을 내고 사서 마신다는 것은 상상할 수도 없는 일이다. 결국, 제주도 여행객을 고객으로 할 수밖에 없고 그것도 올레길을 걷는 사람, 그중에서도 10코스를 선택한 사람만이 타깃 고객이다. 제주도 여행객 중 올레길을 걷는 사람을 어떻게 찾아내는가? 아날로그 판촉으로는 불가능하고 디지털 그것도 블로그(Blog) 밖에 없다.

그러나 나는 블로그를 만들 능력이 없다. 그것도 젊은 감성으로 만들어야 하는데 그럴 감성은 더구나 없다. 우리 카페의 젊은 바리스타의 도움을 받기로 했다. 그런데 이 젊은 바리스타는 제주도 출신이라 블로그를 만들어 본 적 없다고 한다. 그 친구와 PC에 앉아서 '제주도 카페' 키워드를 치고 다른 블로그를 공부하였다.

스토리식으로 재미있게 글을 쓰고 사진도 예쁘게 찍어서 올린 블로그가 상위에 노출되어 있었다.

10년 전이라 블로그가 많이 올라와 있지 않아서인지 우리 카페 블로그를 올리자 상위노출이 되었고 젊은이들이 찾아왔다.

나는 페이스북 친구가 5,000명이었기에 매일 한 건씩 카페와 제주커피에 대해 사진과 글을 올렸다.

나의 페이스북 친구들은 서울에 있을 때 알고 지낸 사람들로 40, 50대의 비즈니스맨이 많다.

이들도 제주도 내려오는 길에 우리 카페를 찾아주었다. 2~30대 젊은이들과 소셜네트워킹을 하기 위해 인스타 계정을 개설하고 제주커피와 우리 카페, 바다 사진을 올렸다. 꾸준히 올리다 보니 인스타 친구 2~3,000명으로 늘었다. 카페를 정리하고 커피농장을 할 때도 블록, 페이스북, 인스타를 계속

했다. 유튜브가 대중화되면서 블로그의 파워가 조금씩 떨어지는 것 같아서 유튜브에도 동영상을 올렸다. 그러나 유튜브는 섬네일의 작성과 스토리 구성, 촬영, 편집이 혼자 하기는 불가능하다.

유튜브 영상을 외주를 주어서 만들다 보니 비용이 만만치 않고 지속성이 떨어진다.

그래서 내가 직접 하기보다는 찾아오는 젊은 고객에게 동영상(릴스)을 자신의 SNS에 올려 달라고 부탁했다. 내가 만든 영상보다 훨씬 감성이 있고 신뢰가 있다.

# 뇌는 몸보다
# 먼저 죽는다
## (헬스지능)

# 뇌가 건강해야 몸도 건강하다

우리나라는 OECD 국가 중 노인자살률이 제일 높다. 경제적으로는 세계 상위권에 있지만, 노인빈곤율은 OECD 국가 중 가장 높다.

최근에 평균수명이 10년 가까이 올라갔고 간병 받는 노인의 숫자도 급격히 늘고 있다.

노인 빈곤은 노인이 경제적으로 자립할 수 없기 때문인데 노인의 지식수준으로 할 수 있는 일이 제한된다. 노인이 간병을 받고 요양원에 들어가는 사람들은 치매, 알츠하이머병이 원인이다.

한번 병상에 눕게 되면 근육감소로 다시 일어나기 힘들다. 아무리 신체적으로 건강해도 치매, 알츠하이머병으로 뇌가 먼저 죽으면 몸도 죽은 것이나 마찬가지다.

뇌는 삶을 관장하는 장기이다. 뇌를 건강하게 관리하는 것은 몸의 건강관리보다 더 중요한 일이다. 뇌 건강을 위해서는 혈액 흐름을 원활하게 하여야 한다. 뇌는 신체의 2%밖에 되지 않지만 15~20%의 혈액이 원활히 흘러야 한다. 산소를 3배로 필요로 하고 혈당의 40~60%를 소비한다.

교감신경을 안정하려면 과도한 스트레스는 좋지 않다. 스트레스는 뇌혈관을 수축시키고 플러그를 증대시키고 근육이 수축되어 만성 스트레스를 불러오게 된다. 뇌는 1,000억 개의 뇌세포로 이루어져 있고 나이를 먹을수록 상당량이 죽기도 하지만 새로운 세포를 만들어 낼 수도 있다.

알츠하이머병은 해마의 수축과 뇌의 수축으로 발병되는바 식이요법과 운동으로 뇌세포의 사망을 줄이고 새로운 세포를 늘려나가는 것이 좋다. 간단한 운동으로는 산책이 좋다.

베토벤이나 칸트, 괴테는 산책을 통하여 새로운 아이디어와 영감을 얻었다고 한다. 산책은 신체적인 운동이 되면서 신선한 공기를 마시면서 뇌에 충분한 산소를 공급하기 때문이다. 뇌로 혈액 순환을 돕기 위해 똑바로 앉기, 안 쓰던 손쓰기, 10분 동안 멍하게 있기 등도 뇌 건강에 도움이 된다.

뇌의 6%가 지방인바 식이지방 섭취를 하자. DHA가 풍부한 생선, 해조류를 섭취하고 브로콜리, 블루베리, 다크초콜릿, 달

걀 등도 뇌의 혈액 순환을 돕고 기억력 감퇴를 막을 수 있다.

뇌 건강을 위해 빼놓을 수 없는 것이 충분한 수면이다. 6시간 이상 잠을 자야 뇌 건강에 좋다. 그렇다고 8시간 이상의 수면은 별 도움이 안 된다. 대개 나이가 들면 일찍 수면을 하게 되는데 저녁 식사를 취침 4시간 전에 하는 것이 좋다. 나는 9시에 취침을 하기에 저녁 식사는 5시 정도에 조금 적게 먹는다.

# 뇌는 기억두뇌와 경험두뇌
# 두 개가 있다

명절에 아들 집에 가면 손주들이 부쩍부쩍 커 있다. 손주가 5살 때인데 할아버지 앞에서 자기의 암기력을 자랑한다. 카드로 된 세계 150여 국가의 국기 앞면을 보고 그 나라 이름을 알아맞히는 일이다. 듣도 보도 못한 나라의 국기를 보고 국가 이름을 척척 알아맞힌다.

100개국 정도 알아맞히자 "우리 아들 천재 아니야!"라고 며느리가 말한다.

그때 나는 이야기 했다.

"아들이 어렸을 때는 여러 종류의 카드 묶음을 놓고 아무것이나 골라서 앞면을 보고 이름을 모두 알아맞히었지!"

우리 손주, 아들만 기억력이 좋은 것이 아니라 세상 대부분의 어린이가 비슷하다. 약간의 차이가 있지만 어렸을 때는 유동성 지능(기억력)이 좋다. 이는 인간이 생존을 위해 빨리 많은 것을 배우고 기억해야 하기 때문에 기억두뇌가 발달된다.

그러나 이 기억두뇌는 성장하면서 감퇴하게 된다. 대신 학습을 하고 사회생활을 하면서 지식과 경험이 쌓여서 결정적인 지능인 경험두뇌가 발달하게 된다.

기억두뇌는 관리 여부에 따라 유지되기도 하고 약화될 수 있다. 기억두뇌가 강화되는 사람은 천재가 될 수도 있고 녹슬게 놔두면 새로운 아이디어를 내놓을 수 없는 무능력한 상태가 될 수도 있다. 그렇다고 지금 자신의 기억두뇌가 나쁘다고 걱정할 필요는 없다. 대신 학습하고 사회생활을 하면서 지식과 경험이 쌓여서 결정적인 지능인 경험두뇌가 발달하게 된다.

나이와 지능 변화를 연구한 위스콘신 대학의 존 혼(John Hon) 교수는 평생 발달심리학 연구와 이론에서 지능의 변화를 규명했다. 그는 인간의 지능은 유동선 지능(Fluid Intelligence)과 결정적 지능(Crystaliged Intelligence)으로 구분했다.

유동성 지능은 추리능력, 연산능력, 기억, 도형 지각 능력이다. 결정적 지능은 어휘, 일반상식, 언어이해, 문화적 지능이다. 사람은 젊었을 때는 유동성 지능이 우세하여 수학, 계산과 추리력, 기억력이 우수하다. 그러나 나이가 들수록 환경적, 사회적, 학습효과로 인해 결정을 내릴 때 필요한 결정적 지능이 활성화된다. 유동성 지능이 감소하고 결정적 지능이 활성화되는 시점이 서른 살 전후이다.

서른 살 넘어서도 꾸준히 학습하고 연습을 하면 경험두뇌는 오히려 발달될 수 있다. 아이 레프트 마이 하트 인 샌프란시스코(I left my heart in San Francisco)를 부른 토니 버넷(Tony Burnett)은 90세가 넘는 나이에도 20대의 여가수 레이디 가가와 같이 노래 부르기도 했다. 그는 알츠하이머병에 걸려서 기억력이 흐릿하지만 95세에 음반을 내놓기도 했다.

그는 머리로 기억하는 기억두뇌는 쇠퇴하였지만 온몸에 발달한 경험두뇌가 온몸으로 노래하게 했다. 나도 젊은 시절에는 창의력이 넘쳐서 1년에 2~3권의 책을 쓰기도 했다.

60대에도 책을 쓰고 70대가 되어도 책을 썼다. 75세인 지금은 창의적인 기억두뇌로 쓰는 것이 아니라 70여 권의 책을 쓴 경험두뇌로 쓰고 있다. 학습하고 연습하면 경험두뇌는 발달할 수 있다.

# 술 안 마시는 슈퍼세일즈맨

우선 건강관리의 기본인 적게 먹고 많이 움직이는 소식다동(小食多動)을 실천하였다. 술, 담배를 끊어야 하는데 당시 나는 컴퓨터 영업을 하였기 때문에 술, 담배를 끊는다는 것은 어려운 일이었다.

80년대에는 IBM 컴퓨터를 대기업, 금융기관, 정부기관에서 사용했다. 나는 대형 IBM 컴퓨터를 대신할 수 있는 HP 미니 컴퓨터를 세일즈했다. 주 고객이 대기업, 정부기관인지라 이곳을 찾아다니며 HP 컴퓨터의 좋은 점을 설득했다.

사람을 만나면 제일 먼저 하는 일이 담배를 권하는 것이다. 당시 대부분의 사람이 중급 브랜드인 아리랑을 피우고 있는 바 고급 브랜드인 거북선을 사서 그들에게 권하면서 상담을 했다.

상담이 어느 정도 무르익으면 컴퓨터 담당 과장과 함께 술집에 가는 것이 정해진 코스다.

영업사원의 트레이드마크와 같은 담배와 술을 끊는다는 일은 쉬운 일이 아니었다. 그러나 컴퓨터 영업에는 한가지 대안이 있었다. IBM은 고객사에 전산화의 효과와 컴퓨터의 우수성을 제안서(Proposal)를 써서 제출한다. 나는 HP 컴퓨터의 전산화 효과와 우수성을 제안서로 쓰는 일에 집중했다. 고객사에게도 '삼성전자 김 과장은 술은 안 먹어도 좋은 제안서를 가지고 오는 사람이다'라는 인식을 심어주어 판매가 잘되었다.

이후 계획서를 잘 쓰는 사람이라고 인정받아 기획과장이 되어서 삼성그룹의 컴퓨터 사업계획서를 써서 이병철 회장에게 보고하기도 했다.

# 나이 먹어서는 안 먹는 것이 중요하다

나의 조부(祖父)는 시골에서 벼농사를 지었다. 60여 년 전이 었지만 할아버지는 꽤 많은 논을 가지고 있어서 농사일하는 머슴을 10명 정도 거느리고 있었다.

여름방학 때 할아버지 집에 가면 항상 농사일에 분주했다. 할머니는 가마솥에 흰쌀밥을 해서 머슴들에게 점심을 주었는 데 큰 사발에 고봉으로 담아서 주었다. 오전 내 일하던 차라 한 그릇을 더 먹는 젊은이도 있었다. 우리는 1960년대의 배고 팠던 시절을 살았던 사람이라 흰쌀밥에 고깃국이면 최고의 식 사로 알았다.

그러나 흰쌀밥은 탄수화물 덩어리이고 이것이 당뇨와 고혈 압의 주범이라는 사실을 알고 쌀밥은 가능한 한 적게 먹거나 안 먹는다. 나이가 든 사람은 탄수화물보다는 단백질 섭취가 더 중요하다고 하여 식사법을 완전히 바꾸었다. 짜게 먹지 않고 단것을 먹지 않는다. 과일 채소를 많이 먹지만 달콤한 과일을 먹지 않는다. 수박, 복숭아, 참외 등 당분이 많은 것은 절대로 먹지 않고 제주도에 살면서 감귤이나 한라봉도 먹지 않는다. 오로지 먹는 과일은 사과이다.

사과도 당분이 꽤 있지만, 사과는 다른 과일에 비하여 섬유질이 많아서 위에서 당분이 흡수되기 전에 섬유질을 따라서 배출되어 당분 흡수율이 낮다. 사과를 하루에 3번 먹지만 크기가 다소 큰 것은 반으로 잘라서 두 번에 나누어 먹는다.

다음으로 먹지 않는 것은 구운 고기와 튀긴 음식이다. 구운 고기에는 발암물질이 많다고 하며 튀긴 음식은 콜레스테롤이 다량 함유되어 있다고 한다. 단백질 섭취를 위해 고기류는 삶은 것을 먹고 저지방 우유, 식물성 단백질인 콩, 두부를 먹는다.

당분이 많은 음료수나 주스를 마시지 않는다. 당분은 인슐린 저항성을 떨어뜨려서 만병을 부르게 된다. 가공식품인 햄, 소시지를 먹지 않는다. 이러한 식품은 맛은 있지만, 치매의 원인이 되기도 한다. 이런 맛있는 식음료를 먹고 마시지 않으면 인생을 무슨 재미로 사냐고 한다.

그때마다 나는 대답한다.

"그런 음식을 먹고 치매에 걸리거나 고혈압, 당뇨로 빨리 양로원 신세를 지고 싶어요?"

그런 음식 말고 제주도에는 신선한 채소가 널려있다.

# 20 / 80 눈과 치아를 유지하다

　6~70살 나이 들어 후회하는 일 중의 하나는 치아 건강에 소홀히 했다는 것이다. 옛날에 노인 사진을 찍으면 대부분 입을 다물고 있고 다문 입이 안으로 오그라들어 있다.

　어쩌다가 웃는 노인 사진을 보면 이가 다 빠져있거나 몇 개만 드문드문 남아있다. 이가 엉성하면 음식을 제대로 먹기가 힘들다. 먹는다고 해도 부드러운 것만 먹게 되어 영양 상태가 안 좋아지기도 한다. 나는 십 대 시절에도 단것을 많이 먹지 않아서 치아가 그리 나쁘지 않았다.

　20대 들어서 어금니 부분이 상하여 한두 개 뽑아내고 보철을 하였는데 다행히 아직까지는 문제가 없다. 그때 치과의사가 잘 치료해주어서 고맙게 생각한다. 그 후로 가끔 스케일링을 하여 치석을 제거하여 다른 치아는 건강하게 유지하고 있다.

오래전에 치과의사의 권유에 따라 이쑤시개 대신 치실을 사용하여 치아 사이에 낀 이물질을 제거했다. 그리고 식사 후에 바로 이를 닦았다. 하루에 4번 칫솔질과 치간칫솔로 이물질 제거를 하였더니 75세의 나이에도 20대의 치아 건강을 유지하고 있다.

치아가 건강하니 먹고 싶은 것을 마음껏 먹을 수 있어서 건강한 신체를 유지할 수 있다. 부수적인 장점으로는 웃을 때 치아를 드러내고 환히 웃을 수 있어서 밝은 미소는 나의 트레이드마크가 되었다.

나는 아직도 안경을 쓰지 않고 1.0 시력을 유지하고 있다. 20대 때 시력이 1.2였으니 거의 20대 시력이다. 눈 건강을 위해서는 TV나 컴퓨터 모니터를 오래 보지 않는다. 나는 컴퓨터 게임을 좋아하지 않는다. 남들이 스타크래프트에 빠져있을 때도 그것을 해본 적이 없다. TV를 안 보는 날이 많으며 본다고 해도 1시간을 넘기지 않는다. 오래 세상을 보고 싶으면 눈 건강을 해치는 일을 삼가야 했다. 책 원고를 쓸 때도 PC에 입력하지 않았다. 70권 넘게 책을 썼지만 모두 종이에 볼펜으로 썼다. 종이에 글을 수십 장 수백 장 쓰다 보면 두뇌 운동에도 좋고 손 운동도 상당히 된다.

글을 쓰면서 생각하게 되니 두뇌 운동이 되고 손 운동을 하면 에너지 소모가 발로 걷기 운동을 할 때와 비슷하다고 생각한다.

작은 생활습관들이 몸에 배서 20대의 치아와 시력을 75세까지 유지할 수 있었고 80세까지는 이 상태로 갈 수 있을 것 같다.

# 로카페인 커피와 충분한 수면

커피는 전 세계 사람들이 매일 같이 즐겨 마시는 음료이어서 종류도 많고 건강에 좋은가 해로운가에 대해 여러 가지 정보가 떠돈다.

커피 종(種)은 크게 아라비카(Arabica)와 로부스타(Robusta)의 두 종이 있다.

우리나라 카페에서 마시는 대부분은 아라비카종이고 봉지 커피는 로부스타이다. 로부스타와 아라비카의 큰 차이는 카페인 함량에 있다. 로부스타가 아라비카에 비해 카페인 함량이 두 배 많다. 봉지 커피를 마시면 잠이 잘 오지 않는 원인이기도 하다.

나는 40년 전에는 봉지 커피만 마셨다. 달콤하고 진한 커피 맛에 길들었다. 봉지 커피의 문제점은 설탕과 크림에도 있다.

과도한 당분섭취와 크림은 소화 장애를 일으킬 수 있다. 그래서 20년 전부터 봉지 커피는 안 마신다. 마침 스타벅스 스타일 아메리카노 커피가 대중화되면서 아메리카노로 바꾸었다. 그러나 아라비카종의 원두를 쓴 아메리카노라 하더라도 카페인 함량이 높다.

아메리카노도 하루에 2~3잔 마시면 밤에 잠이 잘 오지 않는다. 다행히 제주발효커피의 카페인 함량을 조사해보니 카페인이 아라비카 원두에 비해 절반 이하로 떨어진다.

내가 개발한 제주발효커피는 커피 생두를 누룩으로 발효시켜서 건조 후에 로스팅한다. 발효 효모의 누룩을 액상으로 만들어서 발효시킨다. 액상 누룩에 수분이 있어서 카페인이 녹아 나와서 디카페인(Decaffeine) 커피의 제조과정과 유사한 효과를 낸다.

제주에서 누룩으로 발효해서 로스팅한 커피빈은 고소한 맛이 나면서 카페인이 절반 이하여서 잠을 자는 데에 전혀 문제가 없다. 나는 카페를 운영하는 바리스타이어서 매일 아침마다 커핑테스트 하듯이 커피를 핸드드립으로 내려 마신다. 내가 발효하고 로스팅한 원두를 내 손으로 내려 마시는 기쁨이 있다. 그리고 잠자는 데 불편함이 없으니 나에게는 최고의 커피이다.

# 새소리를 들으며 숲길을 걷는다

나는 커피를 내리는 물은 반드시 삼다수만을 쓴다. 커피의 95%는 물이기에 물맛이 커피 맛을 좌우하기 때문이다. 삼다수는 화산암반수이어서 건강에도 도움이 된다.

핸드드립 물을 내릴 때에는 오른손을 쓰지 않고 왼손으로 내린다. 평소에 안 쓰던 손을 써야 두뇌발달에 도움이 된다는 말을 들었기 때문이다. 바 테이블에 물을 붓고 드립을 기다릴 때에는 발뒤꿈치를 들고 종아리 근육 운동을 한다. 5분 정도의 드립하는 시간은 나의 안 쓰는 근육의 운동시간이다. 서버에 내려진 드립 커피는 날마다 다른 잔에 담는다. 예쁜 잔에 담겨진 커피는 산방산과 단산오름이 보이는 삼나무 테이블에 앉아서 커피 맛과 아름다운 경치를 즐기면서 마신다.

커피를 마실 때도 천천히 마신다. 클래식 음악을 들으면서 산방산의 시시각각 변하는 모습을 섞어서 마신다. 천천히 마시다 보면 삼 분의 일 정도 남은 커피는 식었다. 핸드드립은 식은 커피가 더 맛있다. 한 잔을 마시지만 두 잔을 마시는 것 같다.

모닝커피를 마시고 추사 올레길을 걷는다. 나는 추사 유배지에서 대정향교까지 5리 길을 추사 올레길이라 부른다. 추사가 대정향교로 걸어오는 길은 넓은 들판 너머로 멀리 한라산이, 가까이에는 산방산과 단산오름이 보인다.

추사가 자주 올랐다고 해서 추사오름이라고 하는 단산오름은 높이 158m의 비교적 낮은 오름이지만 소나무와 바위가 많이 있어서 산(山)과 같은 특성을 가지고 있어 아름답다.

오름에 오르는 등산로가 사계리에서 오르는 길과 보성리 길 두 개가 있다. 사계리에서 오르는 길은 완만한 바위로 되어있어서 오르기 편하나 후반부에는 바위 절벽으로 되어있어 등산하는 느낌이 든다.

나는 보성리 길로 오르는 것을 좋아한다. 도로에서 20여 m만 들어서면 바로 울창한 소나무 숲을 만날 수 있고 새소리를 들으며 공기의 신선함을 느낄 수 있다.

등산로가 닦여있어 별로 힘들지 않게 중간지점 정상까지 오를 수 있다. 오름의 중간 정상에 오르면 놀라운 경관이 펼쳐진다. 바로 앞에 산방산, 그리고 한라산이 한눈에 보인다.

시선을 밭쪽으로 돌리면 드넓은 제주 바다에 떠 있는 형제 섬이 보이고 수평선에 마라도가 보인다. 한라산의 호쾌함과 마라도의 아련함을 보노라면 세상 모든 근심은 사라진다. 그리고 발아래 사계리 들판에는 우리 커피농장과 대정향교가 보인다. 내가 저곳에서 고난의 시간을 보냈지만, 다시 작은 용기를 내어 소박한 내일을 시작해보리라는 다짐을 해본다.

# 그동안 발바닥에 미안 –
## 바닷가 슈퍼어싱(Earthing)

제주도에 내려와서 제일 먼저 한 일은 머리를 기르고 구두를 벗는 것이었다.

나의 직업은 세일즈맨이었기에 구두를 신고 걷고 또 걷는 것이 일이었다. 그러니 발에서 항상 땀이 나고 무좀을 달고 살아왔다. 관리자가 되니 품위유지를 위해 양복으로 정장을 하고 가죽구두를 신었다.

삼성전자를 그만두고 자유직업자가 되었지만, 기업체에 강의를 하러 다녀야 했고 컨설턴트로서 정장을 해야 하니 구두를 벗을 수 없었다. 64살이 되어서야 구두를 안 신어도 될 기회가 온 것이다.

크록스 슬리퍼를 신어도 아무도 신경 쓰지 않는다. 제주도는 날씨가 춥지 않아 한겨울이 되어도 양말을 안 신은 채 슬리퍼를 끌고 다녀도 된다.

올레길 걷기를 해도 슬리퍼가 편하다. 카페 내에서도 손님이 없으면 앞뒤를 어슬렁거리며 걷는다.

발의 코어근육을 키우고 종아리 근육도 훈련할 수 있어 좋다. 발은 제2의 심장이라고 하고 충분히 기분이 좋은 상태를 만족(滿足)이라 한다.

맨발 걷기가 심혈관에 좋다는 이야기를 유튜브 건강프로그램에서 보았다. 접지(接地) 어싱(Earthing)이 대지와 전기적으로 접촉되어서 혈액 순환이 잘되고 세포가 빨리 재생되는 효과가 있다고 한다. 맨발 걷기는 흙과 직접 접촉이 되는 것이 좋고 바닷가 촉촉한 곳은 물의 전도가 잘되어 효과가 더 좋아 슈퍼어싱(Super Earthing)이라 한다.

제주도는 온통 바닷가이니 백사장에서 슈퍼어싱을 하기로 했다. 우리 카페는 제주도에서도 가장 경치가 아름다운 사계리 바닷가에 있다.

산방산과 송악산 사이의 바닷가에 길게 백사장이 있어서 오후에 카페 일이 끝나면 그곳으로 간다. 사계리 바닷가에 가서 슬리퍼마저 벗고 하얀 파도가 모래밭 위에 부서지는 곳에서 어싱을 한다.

파란 바다에서 끊임없이 밀려오는 하얀 파도 거품을 밟기도 하고 모래밭 위를 걷는다.

내 발바닥이 평생 신발 속에서 고생을 하다가 바닷물과 모래밭에서 자연의 기운을 마음껏 빨아들이는 것 같다.

슈퍼어싱을 하다 보면 지구의 중심에 내가 선 것 같고 제주 바다를 통째로 가진 것 같다.

평일에는 사계리 바닷가에서 어싱을 하지만 일요일에는 대정읍 하모리 백사장으로 간다.

숙소가 대정읍 하모리에 있어서 5분 거리이고 파도가 세지 않아서 맨발로 걷기에 좋다.

사계리 바닷가는 남쪽이라서 파도가 세고 남성적이라면 하모리 바닷가는 서쪽이어서 모래알이 부드럽고 여성적이다. 맨발로 어싱하기에는 하모리 바닷가가 좋지만 사계리는 맨발로 걷다가 바다에 떠밀려온 보물(?)을 주울 수도 있다.

# 화성 농부와 금성 여왕의 결별

지난 몇십 년 동안 와이프와는 생각이 많이 달랐다.

남녀 간의 차이도 있지만, 철학과 관점의 차이가 컸다. 제주도로 내려올 때도 여러 번 다투다가 결국 내려오기로 했지만, 제주도에서도 생활방식의 차이가 더 커졌다. 서울에 있을 때 나는 밖에 나갔다가 저녁에 들어와서 몇 시간 정도만 마주하였다.

제주도에 와서는 카페를 하기 때문에 하루종일 같이 생활하다 보니 사소한 일들에 간섭하거나 생각과 다른 행동을 하는 게 눈에 보이게 된다. 처음 1~2년에는 서로 익숙지 않은 일을 하다 보니 상대의 행동이 잘 눈에 띄지 않았으나 2~3년 지나자 사사건건이 마찰이 생기게 된다.

그러다가 결정적으로 의견 차이가 생기고 감정이 폭발하게 된 것은 내가 커피농장을 하겠다고 땅을 살 때이다.

"이제 조금 먹고살 만하니 왜 딴짓이에요. 당신은 정신이 좀 나간 사람 같아요."

나는 커피농장을 세워서 한국산 커피를 만들어보겠다는 꿈을 가지고 땅을 샀는데 이게 웬 질책인가?

"농사도 지어보지 않은 사람이 웬 커피농장이에요. 망하려고 작정했어요?"

내 머리를 주먹으로 때리는 것 같은 악담을 한다.

그래도 땅을 사서 커피농장을 만들었다. 커피농장을 하고 1~2년 동안 수익이 하나도 나오지 않자 또 질책이다.

"농장에서 돈만 까먹지 말고 돈을 좀 벌어봐요."

'그래 돈을 벌어야지!' 하는 생각으로 커피로 와인을 만들고 커피꼬냑도 만들었다. 그러나 돈이 벌리기는커녕 돈만 더 차용하여 근근이 와인공장이 돌아갔다.

고생은 죽어라 하고 돈은 까먹고 와이프에게는 핀잔만 듣다니 괴로움은 두 배 세 배로 커졌다.

이렇게 묶여서 사는 것보다 서로 자유롭게 사는 것이 낫겠다. 커피농장에 전념하기 위해 카페를 팔겠다고 하니 그동안의 쌓였던 원한이 폭발했다. 우리 부부는 화성에서 온 농부와 금성에서 온 여왕처럼 다른 점이 많았다.

"우리 헤어지자!"

"그래 서로 자유로워지자!"

말로만 듣던 졸혼(卒昏)을 하기로 했다. 카페를 판 돈으로 와이프가 용인에 아파트 살 돈을 보내주었다. 와이프는 용인 아파트로 모기지론(Mortgageloan)을 하면 생활비는 나온다고 했다.

40년 동안의 서로 묶였던 생활에서 벗어나서 각자 자유로운 삶을 살기로 했다.

# 종일 클래식 음악 들으며
# 마음 근육을 키우다

95세이지만 30대 여성의 얼굴을 유지하고 있는 가천대학교 이길여 총장은 "어떻게 이런 동안의 얼굴을 유지하십니까?"라는 질문에 답한다.

"나는 외로움을 잘 타지 않는다. 누가 있으면 거추장스럽다. 스트레스를 잘 받지 않는다."

그녀는 미혼이지만 퇴근하고 집에 가서 혼자 있어도 외롭지 않다고 한다.

나도 와이프와 졸혼(卒婚)을 하고 혼자 살고 있으나 외롭다고 생각해 본 적이 없다. 아침에 눈 뜨면 클래식 음악을 튼다. 마음이 안정된 상태에서 오늘 하루 할 일들을 생각한다. 침대 머리맡에는 항상 메모지와 볼펜이 있다. 새로운 아이디어가 떠

오르면 즉시 메모를 해둔다.

카페에 출근하면 나무로 만든 커다란 스피커 안으로 들어가는 것과 같다. 카페는 추사(秋史) 세한도(歲寒圖)에 나오는 둥근 문의 박공지붕의 목조건물이다. 천정이 없이 바로 지붕이어서 안에 들어서면 5각형의 커다란 나무 스피커가 된다.

여기에 음질 좋은 마샬(Marshall) 스피커를 틀면 18평짜리의 커다란 스피커가 된다. 웬만한 음악당 부럽지 않다.

아침 시간에는 주로 KBS FM 방송을 듣는다. 24시간 클래식 음악이 나오면서 프로그램마다 선곡이 좋고 아나운서들의 클래식 음악의 해설이 재미있다. 작곡가들의 생애에 관한 이야기도 나의 마음 근육을 키운다.

브람스의 클라라 슈만과 이룰 수 없는 사랑 이야기, 라흐마니노프의 우울증을 극복하고 재기한 이야기, 한국의 젊은 연주자들이 세계적인 콩쿠르에서 1등을 한 이야기와 함께 그들의 음악을 듣는다. 사이 사이에 청취자들의 다양한 사연들을 들으면서 요즈음 사람들의 생각과 마음을 읽을 수 있다.

카페에 손님이 오면 손님의 나이나 취향에 맞는 음악을 유튜브에서 찾아서 틀어주면 약간 놀라기도 한다. 스피커는 보이지 않는 데 음질이 좋아서 두리번거린다. 나는 "이 건물 전체가 스피커예요"라고 한다. 가끔 손님이 신청곡도 틀어 달라고 하면 유튜브에서 그 노래를 찾아서 블루투스로 연결된 스피커를 통해 들려준다.

손님이 없는 시간에는 유튜브에서 내가 좋아하는 음악을 찾아 듣는다. 모차르트의 클라리넷 협주곡은 아웃 오브 아프리카(Out of Africa) 영화의 주제곡이다.

케냐의 커피농장을 하던 카렌의 이야기인데 모차르트 음악이 여러 번 나온다.

나도 제주도에서 커피농장을 하는데 카렌처럼 실패하고 아프리카로 떠나야 하나?

하루종일 이런저런 생각을 하면서 클래식 음악을 듣는다. 마음의 안정을 주고 다양한 스토리들이 나의 마음 근육을 키우게 한다.

# 통나무를 장미란처럼 들어 올리다

세상에는 아무리 노력해도 되지 않는 어쩔 수 없는 일이 있는가 하면 뜻하지 않는 행운이 찾아올 때도 있다. 바다 한가운데에 불쑥 화산이 폭발하면서 생긴 땅이 제주도이다.

제주도는 온통 바다로 둘러싸여 있어서 사람이 사는 곳이면 대부분 10분 이내에 바닷가에 갈 수 있다. 제주도 남쪽 바다는 태평양에서 밀려오는 거센 파도로 인해 대부분 해안선이 암석으로 이루어져서 백사장이 비교적 적다. 백사장이 중문해수욕장, 사계리 해변 정도로 백사장이 제한적이다.

대부분의 해수욕장은 북쪽과 동쪽에 몰려 있다. 함덕, 월정, 세화, 표선 등이 있다.

서쪽에는 애월, 협재, 금능 등이 있으며 이들 백사장은 완만한 모래밭이 넓게 분포되어 있다.

우리 카페가 사계리에 있어서 오후에 사계 해변에 가서 맨발 걷기를 한다.

사계바다는 태평양 파도가 곧바로 밀려와 파도가 비교적 높고 모래알도 다소 굵은 편이다.

하얀 파도 포말을 밟으며 모래밭을 걸으면 발의 접지효과도 높으며 기분도 상쾌해진다.

파도가 높은 날에는 바다에서 떠밀려온 나무, 돌, 산호 등이 보인다. 화산 송이가 파도에 깎여서 둥근 모양이 되고 그 위에 조개들이 붙어있는 아름다운 돌을 주운 적이 있어서 부유물을 유심히 본다. 비바람이 몰아친 다음 날에 사계 해변에 가서 맨발로 걷던 중에 굵직한 통나무가 보인다.

대부분 삼나무 토막이었지만 하나는 조금 크고 하얀색을 띠었다. 가까이 가보니 2.5m 정도 되는 나무가 뿌리째 뽑혀서 떠밀려 왔다. 길쭉하게 뻗어 있고 굵은 뿌리가 옆으로 뻗어 있어서 구상나무라는 생각이 들었다. 일단은 백사장에서 들어올리려고 하니 무거워서 질질 끌고 도로 가까이 나왔다.

문제는 통나무가 크고 무거워서 승용차에 실을 수가 없다. 급히 서 목수에게 전화를 하니 오픈카 웨곤을 몰고 왔다.

나는 서 목수에게 말했다.

"하늘이 나에게 구상나무를 선물했어요."

"구상나무인지 아닌지 확인해 봐야지요. 아무튼 농장으로 옮기지요."

"곧게 뻗은 줄기와 나무의 나이테 모양, 옆으로 뻗은 굵은 뿌리로 미루어 보아 구상나무인 것 같아요."

확인하는 방법이 하나 있다.

"지금은 오랫동안 바다에 표류하고 있어 물을 먹어서 다소 무거우나 물이 마르고 훨씬 가벼워지면 구상나무가 틀림없어요."

농장에 옮기고 세워서 키를 재보니 2.5m 둘레는 40㎝ 된다.

세워놓고 4~5일 말리니 무게가 반으로 줄어든다. 바닷가에서는 혼자서 들 수 없어서 끌고 나왔는데 말리니 두 손으로 가볍게 들린다. 번쩍 들어도 될 것 같아서 장미란처럼 역기 들듯이 두 손으로 하늘로 들어 올렸다.

커다란 통나무를 번쩍 들릴 만큼 나도 아직 힘이 있구나라는 생각과 함께 이것이 구상나무라는 것을 확인하는 순간이었다.

구상나무는 곧은줄기에 하얀 속살이 스펀지 같은 구조로 되어있어서 가볍고 부력이 좋다.

그래서 테우배를 구상나무로 만들었고 이 죽은 구상나무는 수십 년을 바다에 떠다니다가 나에게 선물을 준 것이다.

# 가장 안 좋은 때가
# 가장 좋은 때이다
## (망각지능)

# 정신치료를 받은 라흐마니노프

1955년에 개봉된 영화 '7년 만의 외출'은 '마릴린 먼로'를 일약 세기의 톱스타로 만들었다.

이 7년 만의 외출 중 가장 인상적인 장면에서 남자 주인공이 마릴린 먼로를 상상 속에 만나는 부분에서 라흐마니노프의 피아노 협주곡 2번을 연주한다.

라흐마니노프는 러시아의 피아니스트 겸 작곡가인데 미국으로 망명하여 말년에는 캘리포니아의 비버리힐스에서 살았다. 그는 4살부터 피아노를 치기 시작했고 10살에 작곡을 했을 정도로 천재적인 음악성을 보였다. 모스크바 음악원에서 작곡을 공부했고 다양한 분야에 여러 곡을 작곡하였다.

작곡에 자신만만한 라흐마니노프는 교향곡 1번을 작곡하였으나 연주회에서 대실패를 하였다.

음악전문가들로부터 "지옥에서 연주해야 될 곡이다"라는 혹평을 듣는다. 잘나갈 때 대실패를 한 것. 그는 완전 실의에 빠지게 되어 모든 음악 활동을 중단한다. 3년 정도 작곡을 중단한 그를 보고 안타까워하던 가족들이 심리치료를 권유한다.

정신과 의사인 니콜라이 달 박사에게 암시와 최면 치료를 받는다. 최면 치료를 받고 나서 작곡을 해야 되겠다고 생각하게 된다. 그 후 작곡한 곡이 '피아노 협주곡 2번'이다.

이 곡은 대성공을 거두게 되고 라흐마니노프는 세계 최고 작곡가의 반열에 오르게 된다.

실패를 딛고 2막을 열게 되었다.

러시아 혁명기에 미국으로 망명하여 3막의 시간을 갖게 된다. 라흐마니노프의 음악은 할리우드 영화 음악에서 자주 연주되며 할리우드 근처의 비벌리힐스에 살면서 아름다운 3막을 마무리하였다.

누구에게나 어려운 일이 닥칠 수 있고 실패의 순간이 올 때가 있다. 이 고통의 늪에서 허우적댈수록 더 깊이 빠져든다. 라흐마니노프처럼 정신과 치료를 받고서라도 이 늪에서 빠져나와야 한다. 그리고 빨리 잊는 것이 좋다.

# 세일즈맨은 마음을 위해 빨리 잊는다

영업사원의 판매 성공률은 얼마나 될까?

업종에 따라서 약간의 차이는 있겠지만 10% 이하일 것이다. 가망고객을 찾아내는 일부터 본다면 성공률은 더 낮아진다. 실패율이 90% 이상이기에 영업사원은 어떻게 실패를 복구하느냐가 영업실적을 올리는 데 중요한 역할을 한다.

나는 30살 때부터 컴퓨터 영업을 하였다. 45년 전이라 그때는 컴퓨터의 'C'자도 생소하였다.

미국 컴퓨터회사의 제품을 팔아야 했기에 내가 조금 먼저 컴퓨터 공부를 하여 고객에게 설명했다. 문제는 가망고객을 찾아내는 일부터 만만치 않았다. 기억으로 가야 하나, 정부기관으로 가야 하나, 대학이나 연구기관으로 가야 하나?

기업이라고 방향을 정하고도 대기업 중 어디를 가야 하나?

그 기업에서도 어느 부서로 찾아가야 하나? 전화를 수없이 돌려봐도 전화를 받지도 않고 받는다 하더라도 "컴퓨터가 뭐예요?" "우리는 그런 것 필요 없어요"라고 순간적으로 끊어버린다.

이것을 자존감의 상처라고 생각하면 한 사람도 만날 수 없다. 간신히 전화 연결이 되어도 만나주지 않는다.

"새로운 기계이고 부장님의 회사에 도움 됩니다. 공부삼아 제 설명 한 번만 들어주세요."

어렵사리 만나도 도무지 관심 없다. 그럼 준비해가지고 간 고급 담배를 하나 권하면서 자료를 끄집어내서 설명한다. 그럼 마지못해 설명을 들어주고는 이렇게 말한다.

"너무 어려워, 그리고 들어보니 우리에게 맞지 않을 것 같아요."

초전박살이다. 여기서 물러서면 단 한 발짝도 앞으로 갈 수 없다.

"컴퓨터는 제가 더 알려드릴 테니, 전산화 효과 분석해서 제가 효과를 알려드리고 해결방안을 제안할 기회를 주세요."

"쓸데없는 일인 것 같은데 무료로 해준다면 한번 해봅시다."

그리고 제안서를 내고 설명회를 갖는다.

담당부장과 식사도 하고 저녁에 술 접대도 하면서 조금씩

진도가 나간다.

나는 술을 안 마시기 때문에 술자리를 만든다는 것은 즐거운 일이 아니지만, 고객을 위해 무슨 일이라도 할 각오로 밤새워 술자리를 가진다. 나는 술자리에서도 어떻게든 술은 마시지 않는다.

영업을 몇십 년 했지만 술은 마시지 않고 했다.

열심히 시간과 돈을 써서 경쟁 PT까지 올라간다. 이런 고객은 다섯 군데 중에 한둘이지만 최종 PT에서 탈락되기도 한다. 막판까지 가서 실패하면 그 충격이 크다.

그러나 이런 일은 자주 일어난다. 실패의 충격에서 낙담하고 좌절하면 영업을 할 수 없다.

영업사원은 실패를 딛고 일어나는 실패복구력이 세야 한다.

'패배는 병가지상사(兵家之常事), 실패는 영업지상사(營業之常事)'

실패의 원인을 '나'에게서 찾고 더 열심히 하고 더 공부하자라는 생각으로 영업력을 재충전한다.

영업사원의 90%는 실패를 먹고 산다. 100% 성공하는 세일즈가 어디 있는가. 성공보다는 실패가 훨씬 더 많다. 한두 번의 실패가 가슴 아파서 또다시 도전하지 않으면 영업사원이 아니다.

나는 실패를 밥 먹듯이 하던 세일즈맨 출신이다. 이 실패에

좌절하고 모든 일을 손 뗄 수는 없다.

실패를 빨리 잊고 새로운 돌파구를 찾아야 한다.

# 식품에 창조는 통하지 않는다

그동안 카페나 하고 비닐하우스 커피농장을 하던 사람이 갑자기 제조업을 하게 되었다.

주류제조업은 국세청에서 1차 허가를 받고 다시 식약청에서 제조허가를 또 받아야 한다.

제주도는 광주식약청 관할이라 식품제조기준에 맞게 커피와인 제조허가를 받았다.

양 기관의 허가를 받았지만, 막상 커피생두로 와인을 제조하려니 막막하였다. 딱딱한 커피생두를 발효시키려면 가루로 만들어야 하는데 제주도 내에는 그런 곳이 없다. 모슬포에 있는 방앗간을 찾아가 보니 자기들은 떡 만들기 위한 쌀가루를 만드는 기계는 있지만 딱딱한 커피생두를 가루로 만들 수 없다고 한다. 모슬포가 안 되면 서귀포시, 서귀포가 안돼서 제주시 동문시장 방앗간에 갔지만, 모터만 태워 먹고 두 손 든다. 인터넷을 뒤져서 간신히 생두 분말을 구할 수 있었다.

다음으로 벽에 부딪힌 것은 생두 분말과 당분으로 당도를 맞추는 일. 적절한 효모제를 찾아내려고 몇 개월간 실패를 반복했다. 몇 달 후 발효된 생두와인을 시음할 때는 떨렸다.

수많은 어려움을 뚫고 제주도 최남단의 시골 마을에서 주류제조 경험이 없는 사람이 세계최초로 커피와인을 만들었다. 몇 달을 만드는 일에만 빠져있다가 막상 만들고 나니 이것을 어디에다 팔지라는 생각이 들었다. 이 생소한 커피와인을 동네 사람에게 팔 수도 없는 일이라 판매처를 찾아보았다.

제주도 특산품은 '마씸'이라는 유통조직이 있다는 이야기를 듣고 마씸을 찾아갔다.

나는 담당자를 만나서 자신 있게 말했다.

"이 커피와인은 제가 세계최초로 만들었어요."라고 하니 담당자는 나에게 무덤덤하게 묻는다.

"이 상품을 언제부터 생산하셨나요?"

"지난달에 만든 신상품입니다."

잠시 생각하는 듯하더니 뜻밖의 말을 한다.

"이 상품은 저희가 취급할 수 없습니다."

"왜인가요?"

"우리는 생산이 시작된 지 1년 반이 지나서 검증된 상품만 취급합니다."

"그럼 막 개발된 창의적인 제품은 안된다는 말인가요?"

"네. 그것은 우리의 방침입니다."

처음에는 외지에서 와서 신상품을 만든 회사는 발을 못 붙이게 하는 텃세라고 생각했다. 이 일이 있고 얼마 후에 식품에서는 창조적인 제품이 통하지 않는다는 것을 깨달았다.

고객들도 평소 즐겨 먹던 식품에서 약간 좋아진 것을 선호하지 완전히 생소한 식품을 먹으려 하지 않는다. 이후 커피와 인을 들고 주류판매점을 돌며 판촉을 했다. 이들의 반응도 비슷했다.

"커피로 와인을 만들었다구요? 와인은 포도로 만드는 것 아니에요?"

"커피로 와인을 만들었다고 하면 손님들이 사가지고 갈까? 우리는 나중에 취급할게요."

# 나무는 죽고 암에 걸리다

커피나무는 화산토에서 잘 큰다는 속설을 입증이라도 하듯이 빠르게 뿌리를 내리고 쑥쑥 컸다.

문제는 겨울이다. 서귀포는 제주시보다 기온이 2도 정도 높아서 겨울에 영하로 내려가는 일이 거의 없다. 커피나무는 5도가 되면 성장을 멈추고 0도가 되면 냉해를 입고 잎에 서리가 내리면 잎이 갈색으로 변하고 하나둘씩 떨어진다.

아무리 서귀포 중에서도 커피농장이 최남단에 위치해 있다 하더라도 11월이 되니 기온이 5도 이하로 낮아진다. 낮에는 햇볕으로 따뜻하지만, 야간에는 하우스 안이 더 차가워진다.

당초에 난방시설은 하지 않고 업소용 온풍기 한 대로 180평을 5도 이하로 떨어지지 않게 하려 했다. 저녁에 히팅을 하고 새벽에 꺼지게 하여 기름값을 절약했다.

그러나 12월, 1월, 2월까지 야간 난방만 해도 기름값이 상당했다. 첫해와 두 번째 해까지는 기온이 영하 1도로 떨어지는 날이 한 달에 2~3회 정도라서 다행이었다.

3년 차의 서귀포의 겨울은 눈도 오고 기온이 영하 2~3도가 되는 날이 며칠 계속되었다.

이때는 기름값 걱정보다 커피나무의 냉해가 더 염려되었다. 영하 2도로 떨어지고 며칠 지나서 B동에 있는 커피나무 잎이 누렇게 변하기 시작했다. 며칠이 지나자 나무가 하나둘씩 죽어갔다.

결국, B동은 포기하고 A동에만 집중하기로 했다.

농촌 마을에 살다 보면 의료기관들이 다소 멀리 있고 병원이 동네 의원 수준이다. 나는 건강하였지만, 서울에 있을 때 전립선염으로 비뇨기과를 다녔었다. 그때 처방받은 약을 사러 약국에 가니 병원 처방이 있어야 한다고 해서 마을의원을 찾았다. 화순의원 의사가 전립선암 검사를 한번 해보자고 해서 검사를 해보니 놀라운 결과가 나왔다. PSA 검사 수치가 전립선암 수준으로 나왔다고 한다.

아니 암이라니!!! 내가 놀라서 말을 못 하고 있으니 의사가 말을 한다.

"종합병원에 가서 정밀검사를 하고 암 진단이 나오면 빨리 수술하세요. 전립선암은 완치율이 높으니 너무 걱정하지 마세요."

그리고 제주대학병원에 예약을 해준다.

한겨울 1월 15일에 제주대학병원의 비뇨기과에서 정밀검사를 했다. PSA 수치 20이 넘는다고 한다.

담당 의사가 "전립선암 1기에서 2기로 넘어가는 도중인 것 같습니다"라고 한다.

"저희 병원에서 수술을 받으실 것인지 서울로 올라갈 것인지를 결정해주세요."

"가족과 상의해서 말씀드릴게요." 하고 가족에게 내가 전립선암 진단을 받았다고 알렸다.

가족들은 서울에 가서 수술을 하자고 한다. 나는 커피농장이 있는 제주도를 떠나기 싫다. 큰 수술이 아닌 것 같으니 제주도에서 수술을 받겠다고 했다.

1월 17일 제주대학병원에 입원하여 성공적으로 수술을 마쳤다. 마취에서 깨어나 병실에 올라와 보니 폭설이 내리고 있었다. 북극한파가 제주도까지 내려와 기온이 급강하여 영하 6도까지 떨어졌다. 내 몸도 걱정이지만 커피나무가 더 걱정이었다. 카페에 있는 바리스타에게 전화하여 농장의 히터를 계속 켜놓도록 했다. 폭설은 그칠 줄 모르고 영하 6도는 계속되었다. 종일 히터를 틀어놓으니 히터에 기름이 떨어졌다고 한다. 바리스타에게 주유소에 가서 기름을 구해서 보충해줄 것을 부탁했다. 얼마 후 그에게서 전화가 왔다.

"주유소에도 기름이 다 떨어져서 기름을 못 구했어요."

그리고 모든 도로가 눈으로 덮여서 차량운행이 불가능하다고 한다. 나는 암 수술로 병원에 입원해있고 커피나무는 영하 6도의 강추위에 노출되어 모두 죽었다.

# 바이러스가 체험마저 끊어버렸다

커피농장에서 수입이 없고 커피와인도 판매가 부진해 자금 사정이 어려워지면서 적은 수입이라도 올릴 수 있는 방안을 찾아야 했다.

나는 커피와인을 고객이 직접 만들어보는 체험프로그램을 생각했다. 와인을 직접 담글 수 없으니 커피와 와인을 블렌딩하여 마이 브랜드 와인을 만들어가는 체험이다. 이 과정 중에 커피빈을 직접 핸드드립으로 내려 마시고 블렌딩 된 와인을 가지고 가는 방식의 '커피와인 만들기'이다.

커피를 핸드드립으로 내리는 과정은 재미도 있고 신기하기도 하여 젊은이들이 좋아한다.

자신이 내린 드립 커피를 반 잔은 마시고 남은 반 잔과 커피와인을 블렌딩하면 5도 정도의 커피 맛이 나는 와인이 만들어진다. 처음에는 롯데호텔의 액티비티 프로그램으로 진행하였다. 젊은 고객들은 커피도 내리고, 마시고, 커피와인을 만들어서 가지고 간다는 것에 만족도가 높았다.

나는 이 체험프로그램을 블로그를 만들어서 '제주도 이색체험'으로 올렸다.

젊은 커플들이 찾아오기 시작했고 단체로 체험을 신청하기도 했다. 몇 년 지나자 커피와인 만들기가 제주도 여행사들에도 알려져서 단체체험이 늘어나면서 꽤 매출을 올려주었다.

그런데 2019년 코로나바이러스가 전국적으로 번지면서 제주도 여행객은 급감하였다. 관광객이 완전히 끊기고 체험프로그램도 중단되었다. 몇 달 지나면 나아지겠지 하면서 기다리기를 1년, 2년이 지나자 자금이 바닥났다.

그동안 농협에서 농자금 융자와 토지를 담보로 융자를 받아서 자금을 충당하였지만 더 이상은 불가능하다고 한다. 정부에서 자영업자들의 긴급대출을 한다 하여 소상공인센터에 줄을 서서 소액대출을 받았지만 밑 빠진 독에 물 붓듯이 이내 사라져버린다.

# 뜻밖의 커피농장 구매 의사

제주도에는 '곶자왈'이라는 독특한 숲 정글이 있다.

제주어로 '곶'과 가시덤풀을 뜻하는 '자왈'이 합쳐 만든 글자로 화산이 분출할 때 점성이 높은 용암이 크고 작은 나무, 넝쿨 식물, 이끼가 뒤섞여서 몇천 년 동안 자라서 원시림의 숲을 이룬 곳이다.

화산 바위에 이끼가 끼고 넝쿨 식물이 자라고 그 위에 나무가 자라면서 하늘이 잘보이지 않는 원시 정글이다. 이곳은 앞이 잘보이지 않아 잘못 들어가면 헤매고 고생을 하게 된다.

나는 사계리 인근에 화순 곶자왈이 있어서 이곳에 혼자 들어갔다가 무서워서 10분 만에 빠져나온 적이 있다.

제주도에서 제조업을 한다는 것은 이 곶자왈 정글에 깊숙이 들어가는 기분이었다.

앞도 잘 안 보이고 덩굴이 가로막혀 있고 바닥 돌은 이끼로 미끄럽기만 하다. 얼결에 제조업을 시작하게 되다 보니 기술은 막히고 시장은 안 보이고 제품 재고는 쌓이고 바닥은 미끄러워서 자금 부족으로 넘어지기도 한다.

은행 대출, 지원금, 차입 등으로 4, 5년 끌어왔지만 대출받은 돈은 원금상환이 들어오고 이자는 한 달에 몇백만 원씩 갚아야 한다. 이제는 더 이상 차용을 할 곳도 없다. 설령 돈을 구해온다 하더라도 한두 달 버티는 정도이다.

농장 땅과 카페건물을 매각하는 수밖에 없다. 7년 동안 피땀 흘려 지켜온 마지막 재산을 처분한다고 생각하니 가슴이 미어지는 듯하다. 그래도 팔아야 산다는 생각으로 주변의 아는 사람과 부동산에 매각하겠다고 알렸다. 그래도 부동산 가격폭락사태 이전이라 구매하겠다는 연락이 오고 찾아오는 사람도 있다. 땅은 740평, 커피농장 360평, 카페건물 40평인지라 가격 흥정이 있다.

그러던 중에 뜻밖의 사람이 농장을 사겠다는 제안이 왔다. 영어마을 교회의 이석재 목사다.

그는 10년 전 바닷가 카페를 할 때부터 우리 카페의 단골손님이었고 커피농장을 할 때도 자주 찾아왔었다.

"대표님이 지난 10년 동안 커피의 신기술을 개발하였고 커피와인이나 커피꼬냑 등 창의적인 제품을 생산하여 왔는데 이 농장을 파신다는 것은 너무 아까운 일입니다. 제가 이 농장을 사면 안 될까요?"

너무 의외의 제안이었다.

"목사님이 무슨 돈이 있어서 이 농장을 사겠다고 합니까?"

"돈은 없지만 어떻게든 제가 사서 대표님 하던 일을 계속하게 해드리고 싶어요."

곶자왈 정글에서 빠져나오려고 하는 나에게 두 개의 길이 보였다.

전혀 모르는 사람이지만 제시한 가격에 구매하겠다는 사람에게 팔 것인가? 돈은 부족하지만 나를 알고 하던 일을 계속할 수 있는 조건으로 구매하겠다는 이 목사에게 팔 것인가?

모르는 사람에게 파는 것은 앞길이 뻔히 보였다. 매각대금으로 그동안 융자받았던 돈과 차용한 돈을 갚고 빈털터리가 되어 독거노인이 되는 길이다.

아무것도 할 수 있는 일이 없이 빈곤과 고독과 싸우면서 몇 년 더 살다가 요양원이나 병원으로 실려 가는 길이다. 다른 하나의 길은 아직 돌무더기 쌓인 길을 건너 멀리 비탈길 위에 작은 오두막이 보인다.

나는 이 목사가 농협 대출을 갚고 타 은행의 대출을 상환한 정도의 낮은 금액으로 매매하기로 했다.

아직 돌무더기 길을 건너야 하지만 비탈 위에 오두막이 보이는 두 번째 길을 선택했다.

# 80세까지 고액체납자로 살자

커피와인사업은 생산직 인원을 써야 하고 자재구매가 선행되어서 자금의 소요가 많다.

반면 판매까지는 시간이 오래 걸리고 상당량을 유통 재고로 가지고 가야 하는바 자금 회수는 늦다. 부족한 자금을 융자로 메꾸어야 하는데 이런 기간이 3년 정도 되다 보니 은행이자도 계속 늘어난다. 한 달 한 달 돈을 구해서 월급을 주고 이자를 갚는 데에 한계가 있어 결국 커피농장을 매각하게 되었다.

급매를 하다 보니 희망가를 받지 못하고 은행융자금을 상환하는 것으로 만족해야 했다. 양도소득세라는 것은 생각지도 못했는데 매도과정에서 세무사가 양도소득세가 꽤 나올 것 같다고 한다.

당초 7년 전에 농지를 구매했고 농장으로 운영했기에 7년 이상 소유농지를 매각할 때는 세금감면이 있을 줄 알았다. 매도를 하고 막상 양도소득세 신고를 하려고 하니 세무사로부터 뜻밖의 연락이 왔다.

"이 건은 건물을 땅에 지었기 때문에 농지가 아니라 업무용 토지로써 농지감면 혜택 대상이 안 됩니다."

"그럼 양도소득세가 얼마나 되나요?"

"보다 자세히 계산을 해봐야 하겠지만 최소 1억 원은 넘을 것 같네요."

"아니 억대 이상의 양도소득세가 나온다고요?"

나중에 계산을 해보니 1억 5천만 원을 넘겼다.

아! 돈이 없어서 농장을 매각했고 매각대금은 모두 은행융자금 상환에 썼는데 세금 낼 돈이 어디 있어. 세금을 못 내면 어떻게 되는지 물어보았다.

한번 고지된 세금에 연체되면 계속 이자가 붙어서 더 커진다고 한다.

"그래도 세금을 못 내면 어떻게 되나요?"

모든 재산은 압류되고 신용불량자가 되어 금융거래가 불가능해지고 심한 경우에는 예금통장이 압류된다고 한다. 결국, 신용불량자가 되고 가지고 있던 차량은 압류되었다. 은행통장 중 연금만 출금이 가능한 실물통장만 살아있다. 그래도 연체

된 세금을 못 내면 5년 후에 소멸된다고 한다.

내 나이 75세이니 80세가 되면 고액세금체납자에서 해방되는구나.

# 도마뱀 뇌에서 탈출하자

우리는 무의식적으로 '도마뱀 뇌'에 따라 행동한다.

우리 뇌에는 일명 '도마뱀의 뇌'라고 부르는 작은 편도체가 있다. 이 부위는 두려움과 반사작용, 분노, 성욕을 담당하는데 원시시대 때부터 인간의 생존을 위해 매우 중요한 역할을 담당해왔다.

사람을 위험에 빠뜨리게 하는 것을 감지해서 그것을 피할 수 있도록 하는 역할을 하기 때문이다.

도마뱀 뇌는 위험에 대한 '경고등'과 같다. 아주 사소한 위험에 대해서도 민감하게 반응하고 대비할 수 있었기 때문에 인간은 살아남을 수 있었다.

만약 이 도마뱀의 뇌가 없었더라면 인간이 지금까지 생존하지 못했을지도 모른다. 하지만 현대사회에 들어오면서 이 도마뱀의 뇌는 지나치게 충실한 그 역할 때문에 종종 과민반응 혹은 오작동을 일으키기도 한다.

생명에 치명적인 영향을 미치는 중대한 위협과 사소한 불편을 구분하지 못하고 모두 위험으로 인식하는 바람에 가끔 잘못된 '경고등'을 켜는 것이다.

조직 생활의 안락함에서 벗어나려는 행동, 주변의 사소한 비판 등에 대해서도 위험으로 인식해 경고등을 보냄으로써 사람을 안전지대에 머물게 한다.

지나친 두려움으로 아무런 새로운 일을 못 하게 되는 것이다. 과민반응을 일으킨 도마뱀 뇌는 사람들을 끊임없이 세뇌한다. 조직의 굴레가 얼마나 달콤하고 종잇조각에 불과한 대기업 명함의 힘이 얼마나 안전한지 속삭이며 그것에서 벗어나지 못하도록 한다.

두려움을 떨쳐내도 도마뱀 뇌는 때때로 오작동을 하기도 한다.

『비열한 시장과 도마뱀의 뇌』 책의 저자인 테리 버넘은 네 발 달린 도마뱀은 먹잇감이 어떻게 이동하는지, 열매는 언제 열리는지, 어디에 분포하는지, 또 그곳까지 가는 길은 어떤 경로가 가장 안전하고 신속한지 등의 랜덤해 보이는 현상에서 일종의 규칙을 찾아내는 사고를 담당하는 사람들의 뇌를 도마뱀의 뇌라고 불렀다.

숲에서 열매를 찾고 길목을 웅크리고 앉아서 다른 곤충을 사냥하던 원시사회에서는 도마뱀의 뇌는 유용했다. 그러나 현대와 같이 예측불가능한 격변하는 세상에서는 과거의 규칙들을 억지로 적용해서 한다는 것은 오히려 실패를 자초할 뿐이다.

정해진 규칙에 오랫동안 적응한 사람은 자신도 모르는 사이에 정해진 규칙의 도마뱀 뇌에 세뇌되어 있을 수 있다.

일찍 경쟁이 치열한 기업활동을 하여 온 사람들마저도 아날로그 시대에 익숙해져서 급변하는 디지털 세계에서 도마뱀 뇌 회로가 오작동을 일으킬 수 있다.

나도 지난 10년 동안 여러 번의 실패는 이 도마뱀 뇌 회로가 오작동한 것이다.

그렇다면 이 본능과 같은 도마뱀 뇌를 길들이는 방법은 없을까?

나는 'WIN' 길들이기 방법을 찾아냈다.

'W'는 Wake로 과거의 방식에 익숙해져서 졸고 있는 다른 두뇌를 깨운다. 새로운 변화와 흐름을 보고 새로운 지식과 언어로 학습하여 올바른 판단을 할 수 있도록 뇌를 깨운다.

'I'는 Investigate로 작은 실패의 경험을 살펴서 자신의 약점을 찾아내고 이 약점을 보완할 수 있는 새로운 강점을 개발한다.

'N'은 New concept로 기존의 것이라도 시대의 변화에 맞게 새로운 해석을 하여 새로운 방향을 제시한다. 차별화되면서 특징이 있는 가치를 만들어낸다.


신은 나에게 내가 바꿀 수 없는 것들을 받아들이는 침착함과 내가 바꿀 수 있는 것들을 바꾸는 용기와 지혜를 주셨다.

-라인홀드 니버-

# 총각네 야채가게의 교훈

　1997년 12월 3일은 대한민국이 IMF에 20억 달러의 구제 금융지원을 요청한 날이다.

　수많은 기업이 부도가 나고 대기업도 경영위기를 겪게 되어 대량 해고와 경기가 급속히 악화되었다. 이때 나도 경영컨설팅회사를 하고 있었고 5명의 컨설턴트와 함께 일해왔으나 순식간에 파산하게 되었다.

　다행히 부채는 없었지만, 회사도 문 닫고 기업체 강의도 전무한지라 순식간에 실업자 신세가 되었다. 살던 집도 줄여서 신림동 산꼭대기에 있는 17평짜리 서민 아파트에서 아들딸과 함께 4식구가 살아야 했다. 수입이 없어서 지출을 줄이면서 어려운 생활을 꾸려갔다.

　1~2년 지나면서 기업들이 살아나서 간간이 강의 요청이 있

어서 강의료로 가족들의 생계를 유지했다.

2003년 3월 17일 아침에 조간신문을 보다 보니 대치동에 총각들이 야채 장수를 즐겁게 잘하고 있다는 기사를 보았다.

나는 마케팅 대학교수가 이렇게 어렵게 사는데 젊은 총각들이 야채 장수를 해서 성공하였다니 궁금해서 그 가게를 찾았다. 대치동 은마아파트 후문 근처에 가니 금세 이 야채가게를 찾을 수 있었다.

3~40대 주부들이 가게 앞에 바글바글하고 과일이 풍성히 쌓여 있고 서너 명의 젊은 총각들이 열심히 판매를 하고 있었다. 온 나라가 불황에 허덕이고 있는데 이 가게만 왜 이렇게 잘되는 거야?

나는 신문기사에 난 이영석 대표를 만나서 이 가게의 성공 스토리를 책으로 쓰고 싶다고 했다.

"책을 쓴다고요? 나는 책도 잘 안 보는 사람인데 책을 쓰는 것은 불가능해요."

"아니 내가 이 대표의 스토리를 책으로 쓸 테니 그동안의 과정과 생각들을 이야기 해주세요."

나는 이 야채가게의 사례연구와 과일의 구매과정, 판매 이야기, 고객들의 반응을 들어서 책을 썼다. 책 제목을 어떻게 정하느냐를 가지고 고심하다가 한 강연회에서 좋은 책 제목을 부탁한다고 교육생에 부탁했다.

한 젊은 여성 CEO가 "총각네요."

"왜 총각네예요?"

"그 가게의 주 고객이 은마아파트에 사는 젊은 주부인 것 같은데, 젊은 주부들은 총각들의 활기를 좋아해요."

고객 관점에서 보면 '총각네 야채가게'인 것이다.

이렇게 제목을 정해 2003년 9월 18일에 발행했다. IMF로 온 나라가 활기를 잃은 상태에서 총각네 야채가게는 날개돋인 듯 팔려나갔다. 당초 5천 부 정도만 팔려도 좋겠다고 생각했는데 1주 만에 5천 부는 금세 넘고, 1만 부, 5만 부, 10만 부가 팔렸다.

책이 베스트셀러가 되자 기업체, 금융기관 등에서 강의 요청이 쇄도했다. 강의가 물밀 듯이 몰려오자 시간당 강의료도 점차 올랐다.

책 판매에서 인세가 들어오고 강의료 수입도 상당해지고 금세 베스트셀러 작가가 되고 베스트 강사로 인정받았다.

가장 안 좋은 때가 가장 좋은 때이었다.

# 스토리가 있어야
# 자립할 수 있다
## (스토리지능)

# 자식에게 의지하지 않는 세대(자립)

우리나라는 오천 년 동안 농경사회이었고 6·25 전쟁 전까지
는 유교문화가 자리 잡고 있었다.

전쟁 이후 산업화 사회로 전환하면서 빠르게 서구문화가 자
리 잡으면서 가족문화도 바뀌었다.

다세대 문화에서 핵가족으로 바뀌었고 디지털 시대가 되면
서 초핵가족 문화로 변하였다.

과거의 유교문화에서는 효(孝)를 중시하여 자녀가 부모에게
효도하는 것을 제일의 덕목으로 여겼다. 지금의 50대 이상은
이러한 효(孝) 문화를 중시하여 자신의 부모를 공양하였다.

그러나 지금의 밀레니엄 세대는 부모를 모시고 살거나 부양
하는 것을 의무라고 생각하지 않는다.

소득은 향상되었지만, 생활방식이 바뀌어서 주거비, 생활

비, 교육비 지출이 많아서 자기 가족 이외에는 신경 쓸 여력이 없다고 한다.

또한, 노인의 부양의무도 자녀에게만 있는 것이 아니라 사회와 국가에게도 있다고 생각한다.

실제로 최근 15년 사이에 이러한 의식은 빠르게 바뀌고 있다.

2022년에 한국보건사회연구원에서 7,800가구를 대상으로 부모 부양의무에 대한 의식조사를 한 결과를 보면 이러한 변화를 알 수 있다.

2008년에 동일한 조사에서는 부모의 부양의무가 자녀에 있다고 52% 동의했지만 2022년에는 21%, 절반으로 떨어졌다. 반면 부양의무가 없다는 응답은 24%에서 49%로 두 배 증가했다.

이러한 의식의 변화는 시간이 지날수록 더 심화될 것이다.

지금의 50대 이상은 부모를 부양하고 살아왔다면 앞으로 자녀들에게는 부양받지 못하는 최초의 세대가 될 수 있다. 자녀에게 부양받으며 여생을 살아간다는 꿈을 깨고 스스로 경제적 자립을 할 수 있어야 한다. 공무원, 군인, 경찰, 금융기관, 공공기관, 교직원은 연금으로 여생을 살아갈 수 있을지 모르지만 다른 직업을 가졌던 사람은 자립(自立)할 수 있는 방안을 찾아야 한다.

다시 생각하면 자립할 수만 있다면 60~70대가 가장 의미 있는 삶을 살 수 있는 시기일 수도 있다.

# 천둥처럼 찾아온 구상나무

제주커피 드립백의 백화점 판매는 하늘로 날아가 버렸지만, 제주도에서 특산품으로 파는 일은 가능해 보였다. 이제 빈손인 상황이니 모든 가능성을 접고 제주도 판매만을 생각해보기로 했다.

제주도 특산품으로 판매하려면 제주발효커피라는 것만으로는 부족하다. 설명하지 않아도 제주커피라는 것을 인식시킬 방법을 고민하였다.

와튼스쿨의 조나 버거 교수는 그의 저서 『전략적 입소문(Contagious)』에서 입소문을 유발하려면 트로이목마(Troy Horse)를 직접 만들어보라고 했다.

'사람들이 좋아할 만한 이야깃거리를 담은 트로이목마를 직접 만든다. 그 속에 우리 제품이나 아이디어에 대한 이야깃거

리를 넣어서 전하면 된다.'

어떻게 제주도에 특화된 스토리를 만들 것인지 고민하고 있을 때 어느 날 카페에 낯익은 손님이 들어왔다. 3년 전에 마을 사업을 컨설팅하러 온 임 소장이다. 오후인지라 카페인이 조금 적고 부드러운 커피를 주문했다. 나는 발효커피 중 오크 맛을 내렸다.

"오, 이 커피 맛있네요. 내 입맛에 맞아요."

그는 괸당이다. 괸당은 제주도 토박이를 말한다. 그는 괸당이지만 공무원 경력이 있어서 제주도의 토속적인 것을 마을사업으로 만드는 능력이 있다.

나는 그가 커피를 제주도 특산품으로 만들 수 있는 특별한 아이디어를 가지고 있을 것 같아서 물었다.

"지금 마신 커피는 오크나무로 숙성한 커피입니다. 오크나무 대신 제주도의 특산나무로 숙성할 수도 있어요. 제주도에만 있고 제주도를 상징할 수 있는 나무가 있나요?"

그는 한참 생각하더니 "삼나무는 아닌 것 같고 구상나무가 있네요."

"구상나무가 어떤 나무인가요?"

"구상나무는 한라산에만 있는 나무인데 그것도 백록담 근처 높은 곳에 있어요."

이때 구상나무를 처음 알게 되었다. 천둥처럼 구상나무가 나를 찾아왔다.

나는 오크나무 대신 구상나무로 숙성한 커피를 만들면 제주도 특산품으로 인정받을 수 있겠다고 생각했다. 그가 가고 나서 구상나무에 대한 자료를 네이버, 구글에서 찾아보고 이 나무가 엄청난 나무라는 것을 알게 되었다.

원산지인 한라산에서는 높은 지대에서만 자라고 있으나, 백록담 부근에서는 고사하고 있어서 멸종위기종으로 분류되고 있다.

나는 구상나무 커피를 만들기 전에 멸종위기에 있는 구상나무를 구하는 일이 우선이라고 생각하고, 구상나무에 대한 자료를 찾고 학습하는 일을 시작하였다.

# 살아 백 년 죽어 백 년의 구상나무

한라산의 백록담이나 윗세오름에 올라간 사람은 누구나 공룡의 뼈처럼 우람하게 죽은 구상나무를 보았을 것이다. 구상나무는 단단하여 나무껍질이 비바람에 쓸려 벗겨져도 100년 동안 썩지 않고 그 자리에 서 있다.

구상나무의 수명은 100년이어서 '살아 100년, 죽어 100년' 이란 별명을 얻게 되었다.

구상나무(Korean Fir)는 우리나라 한라산에서 110년 전에 처음 발견된 우리나라에서만 자생하는 고유수종인데 이렇게 X마스 트리로 미국에서 수입하려면 나무에 대한 로열티를 지불해야 한다.

구상나무는 미국과 유럽에서는 X마스 트리로 널리 이용되고 있다.

원종은 한국에서 미국으로 가지고 가서 100년 동안 개량해서 수십 종의 구상나무 품종을 만들어냈다. 그러나 원산지인 한라산에서는 구상나무가 대량으로 고사되어가서 멸종위기 식물로 지정되기도 했다.

한라산 백록담 주변에 대규모의 집단 서식지가 있는데 이곳의 구상나무가 고사하고 있다고 TV에 방송되고 신문에 여러 차례 보도되고 있다.

대부분의 보도내용은 지구온난화로 인한 기온상승과 가뭄과 같은 기후적 변화라고 한다.

기후적 원인이라면 되살릴 대책이 거의 없다. 계속 위기라고 이야기만 하고 몇십 년 지나가면 구상나무는 한라산에서 멸종할 수 있다.

무엇인가 다른 원인을 찾아야 한다. 백록담 인근의 고지대가 문제라면 대체생육지를 찾아야 하지 않을까?

지금까지 TV나 신문에 고사되었다고 보도된 구상나무들은 1,800~1,900m의 암석 위에서 자라서 기후변화의 충격을 많이 받은 것이구나.

그리고 이 지역은 국립공원 영역이라 모두가 지켜볼 수밖에 아무런 대책을 쓸 수도 없었다.

나는 1,800m 이하 그리고 더 낮은 1,000m 이하에서 구상나무의 자생생태를 탐사하였다.

1,400m, 1,100m, 800m에서 자생하고 구상나무 군락을 이룬 곳도 있었다.

450m, 500m에서는 사람들이 식재한 구상나무가 50년생과 3~40년생도 발견되었다.

나는 구상나무의 대체생육지로 500m 오름이 좋을 것 같다는 생각으로 구상나무의 생태특성과 생태환경을 연구하였다.

# 한라산 가슴에서
# 구상나무가 사라진 비밀

제주도는 바다에 고립되어 있는 섬이라 고려 시대부터 조선에 이르기까지 중앙정계의 유배지로 이용되어 왔다. 이러한 고립을 더욱 심화시킨 것은 인조(仁祖)가 1629년에 출육금지령(出陸禁止令)을 내렸다. 제주도 사람은 육지로 나갈 수 없다는 출육금지령은 순조(純祖) 1830년까지 200년간 계속되었다. 제주민에게 출육금지령은 제주섬을 창살 없는 감옥으로 만들었다.

이러한 고립정책은 주체적으로 교역을 하였던 해상강국 탐라에서 내려온 조선술이며 해상능력이 모조리 파괴되었다. 바닷일을 해야 먹고 사는 제주민들은 돛단배를 만들 수 없게 되자 돛이 없는 뗏목(테우)을 만들었다.

'테우'는 통나무 7~10개를 엮어서 만든 뗏목인데 부력이 뛰어난 구상나무로 만들었다.

제주의 어촌 포구에는 여러 척의 테우가 있었으며 어민들은 테우로 자리돔을 잡는 그물 낚시를 했고 미역을 걷어 옮기는 데 사용했다.

"테우는 원래 한라산에서 자라는 구상나무로만 만들어졌다. 테우를 만들기 위해서는 삼월 중 범날을 택일하여 한라산에 올라 해발 700~800m 고지에서 살아있는 구상나무를 베어온다.

베어온 구상나무는 6개월 동안 껍질을 벗기지 않은 채 그늘에서 말린 다음 형태를 잡아 뗏목 배를 만들었다."라는 기록이 있다.

길이 4m, 폭 1.5m 테우 뗏목을 만들려면 15m의 구상나무 10그루가 필요하다.

한라산 700~800m에서 자라고 있는 15m짜리 구상나무를 지난 300~350년 동안 베어왔을 것이다.

출육금지령은 제주민에게도 슬픈 역사이지만 한라산 700~

800m 이내의 모든 구상나무가 사라지게 만든 슬픈 역사이기도 하다.

제주도의 아름다운 풍경은 중산간 지역의 드넓은 초원에 말들이 한가히 풀을 뜯고 있는 모습이다. 제주도 말목장이 만들어진 것은 고려 시대에 일시적으로 몽골족이 탐라국을 점령한 적이 있었다. 몽골족은 탐라국이 말을 기르는 것에 적지라고 생각했다.

탐라국의 해안가에서 500~700m까지의 숲에 불을 놓아서 태워버리고 그 자리에 초원을 만들어 말을 방목했다. 이때 500~700m에서 자라고 있던 구상나무도 전멸한 것 같다.

# 제주도 몇 바퀴 돌아선
# 구상나무 테우

인디아나 존스 영화는 은퇴한 고고학 교수가 '운명의 다이얼'을 찾아서 사막과 옛 유적지를 찾아다니며 모험을 한다.

나도 한라산의 가슴에서 사라지게 한 구상나무 테우를 찾아서 제주도의 동서남북을 헤매고 다녔다. 나이가 든 제주도 토박이를 만나면 "테우를 본 적이 있느냐?"고 물었고 본 적이 있다고 하면 "어디에서 보았어요?"라고 재차 물었다.

제주시의 이호테우해변, 쇠소깍, 서귀포 포구, 천지연폭포에서 보았다고들 한다.

나는 그중에 원형이 잘 보존되어 있고 비교적 거리도 가까운 천지연폭포로 갔다. 천지연폭포 물이 흐르는 연못가에 테우배가 있다. 크기가 생각보다 컸고 보존 상태도 양호했지만,

삼나무로 만들어져 있다.

다시 삼나무보다는 구상나무로 만든 테우를 찾아보았다.

구글에 '테우'와 '구상나무'를 입력해 보니 구상나무로 만든 테우가 한군데 있었다.

제주민속박물관에 구상나무로 만든 테우가 있다고 하여 일요일 아침에 모슬포에서 출발하였다.

75㎞를 1시간 40분 달려서 표선에 있는 제주민속박물관으로 갔다. 안내소에서 "구상나무로 만든 테우가 어디 있어요?" 하고 물었다.

안내는 뜻밖의 대답을 한다.

"우리는 구상나무 테우가 없어요."

이 무슨 황당한 일인가?

"아, 인터넷에서 여기에 있다고 해서 1시간 40분을 달려서 왔는데 여기에 없다니 이상하다."

"우리는 테우가 있지만, 구상나무가 아니라 삼나무예요."

그래서 나는 인터넷에서 캡쳐 받은 구상나무 테우 사진을 보여주었다.

"아, 이것은 우리가 아니고 제주시에 있는 제주민속자연박물관인 것 같네요. 이름이 비슷하여 잘못 찾아오신 것 같습니다."

그럼, 여기서 다시 북쪽으로 45㎞를 가야 하는구나. 거기라도 있다면 가야지 하고 표선에서 제주시로 향했다.

제주민속자연박물관에 도착했는데 주차장에는 차도 없고 썰렁하다.

안내에 물어보니 오늘은 전기공사로 휴관이란다. 안내직원에게 사정 이야기를 했다.

"구상나무 테우를 찾아서 모슬포에서 표선까지 75㎞, 다시 표선에서 45㎞를 달려서 여기 왔어요. 입장이 안 되면 구상나무 테우를 구경만이라도 할 수 있나요?"라고 사정했다.

나이든 노인네가 사정하니 안타까워서 그런지

"그럼 제가 동행해서 안내할 테니 구경만 하고 나오세요."

박물관 건물은 전기공사 중이어서 모든 건물에 전기가 꺼져 있었다.

몇 개의 어두운 전시실을 지나서 제일 안쪽에 있는 테우 전시실로 갔다. 불이 꺼져있어서 전시실은 어두웠지만, 구상나무 테우가 나에게는 환히 빛나고 있었다. 순간 온몸이 짜릿했다.

마치 어두운 동굴을 몇 개 지나서 작은 보물선을 발견하듯이 약 200년 된 구상나무 테우를 마주 보게 되었다. 굵은 구상나무가 약간 부식되었지만 커다란 테우배는 나를 압도하였다.

테우배와 함께 전시되어있는 자리돔을 잡을 때 쓰던 뜰채는

지름이 5m가 넘었다.

순간 약 200년이 된 이 테우를 만들기 위해 한라산에서 구상나무를 베어왔을 때의 모습과 테우배로 자리돔을 잡을 때의 모습이 교차되었다.

제주도 자료에 의하면 1938년 도내에 어선 1,687척과 테우배 541척이 있었다고 한다.

조선 시대에 출육금지령이 내려진 이후에 몇백 년 동안에 얼마나 많은 구상나무가 테우를 만들기 위해 베어졌을지는 상상에 맡긴다.

# 서 목수와 함께
# 구상나무 수목원을 만들다

미국에서는 크리스마스트리로 팔리고 있는 구상나무가 어디에서 재배되고 있는지 찾아보니 뉴욕주, 위스콘신주에서 크리스마스트리 전용 농장에서 수십만 그루씩 키우고 있다.

유럽에서도 구상나무 농장이 있으며 영국도 수십만 그루를 키우고 있음을 알 수 있었다.

그러나 정작 구상나무의 원산지인 제주도에서는 나무를 심으려 해도 구할 수 없고 묘목도 없다.

이런 참담한 현실을 서용광 목수와 이야기하니 자기가 쓸 수 있는 폐기한 감귤밭이 있다고 한다.

사계리에서 10㎞ 정도 떨어져 있는 800평 정도의 빈 농장을 보는 순간 "여기에다 구상나무 수목원을 만듭시다." 했다.

서 목수는 "좋아요."라고 한다.

"오늘부터 구상나무 수목원 원장이 되는 것입니다."

"이 구상나무 수목원에서 구상나무 묘목을 10만 주 생산합시다."

바로 서 원장은 땅을 정비하고 입구를 손질하였다.

여기에 구상나무 묘목 50주를 구해 심고 구상나무 씨앗을 발아시켰다.

구상나무 수목원은 표고가 100m 정도이고 과거에 귤농장이었기 때문에 땅은 비옥하였다.

문제는 토양곤충으로 특히 굼벵이가 걱정되었다.

굼벵이는 나무 향이 강한 침엽수를 좋아해서, 농가에서 정원수로 심는 침엽수들이 굼벵이로 인해 잎이 노랗게 변하고 고사한다고 지역 농민에게 들었다.

침엽수를 심기 전에 토양 살충제를 쓰라고 조언을 해 준다.

나는 토양 살충제를 대신할 수 있는 방법을 생각했다.

'커피 찌꺼기를 비료로 쓰면 살충효과가 있을 것이다.'

커피에 함유되어 있는 카페인이 곤충에게는 살충제 역할을 한다. 그러나 커피 찌꺼기를 바로 투여하면 발효되는 동안 가스 배출로 인해 나무에 악영향을 미치기도 한다. 커피 찌꺼기와 나무 톱밥을 배합하여 발효제를 투입하여 거죽을 덮어두면 3~4개월에 걸쳐 발효되어 유기질 퇴비가 된다.

이 커피 찌꺼기 발효 거름에는 카페인이 함유되어서 구상나무를 심을 때 밑거름으로 주면 거름과 방충의 2중 효과가 있다.

# 구상나무로 미니 X마스트리 만들다

구상나무는 가수 BTS와 비슷한 스토리를 가진 나무이다.

BTS는 국내에서 천대를 받아서 아예 미국으로 진출하였다. 뛰어난 영어 가창력과 화려한 댄스로 유튜브에 노출되자 폭발적인 인기를 얻고 빌보드 차트 1위에 올랐다.

구상나무도 국내에서는 별 관심도 보이지 않았으나 윌신이 미국으로 가지고 가서 미국 땅에 심어서 알려지기 시작했다. 수형이 피라미드 모양으로 아름답고 침엽수이지만 잎이 뾰족하지 않고 길고 둥근 모양으로 집안에서 X마스트리로 인정받아서 미국 내에서도 구상나무를 대량 재배한다.

그러나 정작 우리나라에서는 X마스 때 플라스틱 트리를 사서 며칠 장식하고 이내 버린다.

중국산 플라스틱 X마스트리를 수입해서 잠깐 쓰고 환경오

염물질인 플라스틱 쓰레기를 버리고 있다. 한국교회마저도 대형플라스틱 X마스트리를 며칠 쓰고 버린다.

얼마 전에 제주도에 있는 교회의 목사에게 이런 이야기를 하니 구상나무를 구할 수 없어서 그렇다고 한다. 구상나무의 원산지인 제주도에서도 구상나무를 구할 수 없는 것이 현실이다.

구상나무는 씨앗의 발아율이 낮고 어렸을 때 생육이 더디어서 어린나무일 때 많이 죽는다.

구상나무를 키우고 싶어도 땅이 없는 사람들이 너무 많다. 그래서 나는 작은 구상나무로 작은(Tiny) X마스트리 화분을 만들었다. 베란다에서 반려식물로 키우다가 X마스 때에는 작고 예쁜 장식을 하면 예쁜 X마스트리가 된다.

또한, 구상나무를 수석으로 키우면 살아있는 작품이 될 수

있다. 구상나무 뿌리는 옆으로 퍼지기에 옆이 넓은 수석용 화분을 구해서 구상나무를 심고 화산 송이를 덮었다.

　한라산의 화산 송이(Scoria) 위에서 구상나무가 자라고 있어서 더욱 의미가 있다.

# 100년 커피 마시며 100세 산다

『톨스토이(Tolstoy)의 인생론(人生論)』은 물레방앗간의 주인 이야기로 시작한다.

시골에서 물레방앗간을 하고 있던 사내는 일을 열심히 하기 위해 물레방아를 공부한다. 그는 물레방아가 잘 돌아가려면 물이 중요하다고 생각하여 시냇물을 연구하다가 강물까지 빠져들면서 물레방앗간은 쇠락하게 된다.

톨스토이는 물레방앗간 사내가 목적과 수단을 뒤바꾸어서 생각하다가 본업을 그르치게 되었다는 것을 이야기하고 싶었을 것이다.

나의 경우 비슷한 상황이 생겼다. 당초 제주형 커피를 만들기 위해 구상나무에 관심을 가지고 빠져들었는데 커피와의 접합점을 찾지 못하고 있다.

구상나무 향이 발효커피에 스며들게 하는 방법을 생각하다가 아예 구상나무 추출물을 발효액으로 이용했다. 발효방법은 기존에 해오던 누룩 발효로 했다. 구상나무 향이 생두에 배어들어서 발효가 되었다. 로스팅하여 보니 나무 향도 나고 맛도 부드러워졌다.

발효커피가 가지는 장점에 구상나무의 스토리를 추가한 구상나무 발효커피가 만들어졌다.

내가 10년 전에 누룩발효를 특허출원할 때만 해도 발효커피를 생소해 했고 기술자료도 거의 없었다. 최근에는 발효커피에 대한 연구자료들이 많이 있다. 그린빈(Green bean) 커피에는 7%의 폴리페놀계열인 클로로겐산(Chlorogenic Acid)이 함유되어 있다. 이 클로로겐산은 항산화 능력이 뛰어나서 노화 방지(Antiaging)에 효과가 뛰어나다. 이 클로로겐산은 열에 약하여 로스팅 과정에서 급격히 감소한다. 그런데 발효를 하면 생두내의 클로로겐산이 증가하여 로스팅한 후에도 클로로겐산의 생두 상태 때의 함량과 비슷하다는 연구 결과가 있다.

그렇다면 구상나무 발효커피는 폴리페놀 함량이 일반 원두보다 높아서 노화 방지(Antiaging) 효과가 있다고 볼 수 있다. 발효커피의 또 하나의 장점은 발효액에 생두에 함유되어 있던 카페인(Caffeine)이 녹아 나와서 카페인 함량이 일반 원두에 비해 절반 이하다.

카페인이 현저히 적은 것은 시니어나 여성에게 상당한 장점이다. 발효커피는 폴리페놀 함량이 높아서 노화 방지에 좋고 카페인 함량이 낮아서 시니어와 여성에게 좋다.

이러한 발효커피의 장점에 구상나무의 장점을 연결하는 스토리를 만들어보았다.

제주도 사람들에게 구상나무의 특성을 물어보면 "살아 백년, 죽어 백 년"이라고 한다. 구상나무의 수명은 인간과 비슷하게 100년이다. 구상나무는 줄기가 워낙 단단하여 죽어도 썩지 않고 100년은 간다. 그래서 '100년 사는 구상나무 발효커피'로 커피를 줄여서 '100년 커피'라고 컨셉을 정했다.

드립커피 박스에 '100년 커피 마시며 100세 산다'를 노출시켜서 구상나무와 발효커피의 장점을 부각시켰다. 카페도 구상

나무 100년 커피로 리모델링을 했다. 카페 입구에 10년생 열매달린 구상나무를 심고 카페 안에는 구상나무 그림, 구상나무 사진으로 장식했다. 누가 보아도 구상나무 '100년 커피'의 성지인 것을 느낄 수 있도록 했다.

# 75세의 꿈 –
# 눈 속에서 커피나무가 큰다

파울로 코엘료의 소설 『연금술사』에 이런 이야기가 나온다.

스페인의 양치기인 산티아고는 피라미드 밑에 황금이 묻혀 있다는 점쟁이의 말을 믿고 이집트로 간다. 이집트에서 피라미드로 가는 도중에 죽을 고비를 넘기고 피라미드 밑을 파보지만 금은 나오지 않았다. 이 모습을 보고 있던 사막군대의 우두머리가 말한다.

"내가 꾼 꿈속에서는 스페인의 어떤 평원에 있는 쓰러져가는 교회 옆 무화과나무 아래에 보물이 숨겨져 있었지."

이 우두머리가 꿈속에서 보았다는 평원에 있는 교회 옆 무화과나무는 산티아고가 양치기하던 곳이다. 산티아고는 스페인에 돌아와서 나무 밑을 파보니 보물이 나왔다는 이야기다.

이와 비슷한 일이 나에게도 일어났다.

나는 10년 전에 산방산 옆에 비닐하우스를 짓고 커피농장을 시작하였다. 7년 전부터는 제주도의 노지에서 커피나무를 키워보고 싶었다. 처음 시도는 두 동의 비닐하우스 사이의 노지가 바람을 막아줄 것 같아서 앞부분은 돌담을 쌓고 노지에 커피나무를 심었다.

여름에 태풍도 견디어서 살 수 있을 것 같았으나 초겨울에 서리가 내리니 이내 잎이 시들고 다 떨어졌다. 두 번째는 제주도에서도 가장 따뜻한 마을인 보목리의 감귤농장의 감귤나무 밑에 심었다. 온도는 따뜻하고 감귤나무가 눈과 서리를 막아줄 수 있으리라 생각했다.

그러나 그해 겨울은 유난히 춥고 모진 눈보라가 불어서 귤나무 밑에 있는 커피나무를 모두 죽게 했다. 세 번째는 곶자왈의 나무 밑에 심어보았으나 이 역시 옆으로 몰아치는 눈보라를 이겨내지 못했다. 네 번째는 단산오름의 숲속에 작은 빈터가 있어서 그곳에 소형 비닐하우스를 만들고 그 안에 커피나무를 심었다. 12월까지는 잘 버티었으나 1월이 되니 시들시들해진다.

11월 초에 커피나무를 옮겨서 뿌리가 제대로 활착하지 못해서 추위를 견디지 못한 것 같다.

커피나무의 노지재배는 거의 포기한 상태에서 경영악화로 커피농장을 매각하게 되었다. 모든 것을 포기한 상태인지라 커피농장도 난방을 하지 않으니 겨울에 대부분의 커피나무가 죽어갔다.

여름에 우연히 커피농장을 둘러보다가 깜짝 놀랐다. 죽어있는 커피나무 사이에 몇 그루 살아있는 커피나무가 보였다. 영하로 내려갔던 지난겨울의 추위를 아무런 가온(加溫) 없이 살아있다.

몇 년 동안 그렇게 길러내고 싶은 영하커피를 발밑에서 찾은 것이다.

마치 연금술사의 산티아고가 이집트로 황금을 찾아 헤매다가 자신의 양치기 목장에서 보물을 찾는다는 이야기와 비슷

하다.

나는 우리 커피농장에서 영하에도 살아남은 커피나무를 하늘이 준 선물이라고 생각했다.

이 눈 속에도 자라는 커피나무를 스노우 그로우(Snow Grow) 커피나무라고 명명하고 커피농장에 스노우 그로우 커피나무 존(Zone)을 만들었다.

Part
6

# 제주도는 시니어의
# 건강 로드맵 세트

# 과도한 소비문화의 폐해

　나는 64살 때 서울에서 제주도로 내려와서 11년 동안 제주도 최남단 작은 시골 마을에서 살고 있다. 60년 이상을 도시에서 살다가 10년을 자연 속에서 산다. 제주도에 이주한 부부 중 남성은 제주 생활에 적응하지만, 여성은 적응하지 못하고 다시 도시로 돌아가는 부부가 꽤 있다.

　도시로 돌아가는 여성은 도시 소비생활에 익숙해져서이다. 그러나 과도한 소비문화가 주는 폐해도 많이 있다.

### 편안해지고 싶어 한다

　도시는 모든 것이 자동화되어 있어 편안하게 되어있다. 거리에는 자동차, 전철, 엘리베이터, 에스컬레이터, 워킹 플로어 등 걸을 수 있는 기회가 없다. 가정에도 모든 기기가 자동화되어 있어 움직일 일이 없다.

### 소비 만족에 중독된다

도시아파트에 살면 소비 자극을 많이 받게 되고 이웃과 비교해서 소비를 하게 되어 소비의 양과 질이 고급화된다. 각종 고급 브랜드의 소비 충동에 빠지게 되고 소비 만족에 중독되게 된다.

### 맛있는 식음료를 선호한다

도시 생활자의 주변에는 다양하고 맛있는 식음료가 포위하고 있다. 쉽게 맛있는 식음료의 유혹에 빠지게 되고 과도한 식음료 소비를 하게 된다.

### 자유로운 생활을 구속한다

직장생활은 정해진 일정에 쫓겨서 일하게 하고 항상 주변 사람들에게 구속되는 생활을 하게 된다. 개인적인 자유로운 시간을 얻기란 불가능하다.

# 제주도는 100세 건강 파크

제주도는 바다에서 화산폭발로 만들어진 땅으로 육지와는 모든 것이 다르다.

한라산을 중심으로 동서남북이 날씨가 다르고 토양도 다르다. 한라산 높이에 따라 온도가 다르고 비바람의 세기가 달라서 온대, 아열대, 한대 식물이 다양하게 자라고 있다.

제주도는 태풍의 길목에 있어 1년에 4~5차례의 태풍이 분다. 태풍 때는 태평양의 신선한 산소를 가득 실어온다. 비는 화산송이 바위로 정화된 화산암반수로 변한다.

섬을 빙 둘러 있는 바다는 짙푸른 색이거나 산홋빛이어서 눈을 맑게 해준다. 어느 곳이든 곶자왈 숲이 있어서 맑은 공기를 사철 뿜어낸다. 곶자왈 바로 옆에는 걷기 좋은 올레길이 있어서 매연 없는 산책길이 된다.

제주도는 화산토가 물이 고이지 않아 벼농사를 지을 수 없고 다양한 밭작물을 키운다.

서북쪽에는 당근, 동북쪽은 메밀, 서남쪽은 마늘, 동남쪽은 감귤의 주산지이다. 겨울에도 땅이 얼지 않아 비트, 콜라비 같은 신선한 야채가 사시사철 제공된다.

제주도에는 남방돌고래가 살고 있다. 돌고래들은 섬을 한 바퀴 돌면서 먹이 사냥을 하는바 바닷가에서 가끔 돌고래를 볼 수 있다. 특히, 형제섬 앞바다를 돌아 일과리 앞바다에 자주 나타난다.

운 좋으면 바다에 무리 지어 헤엄치는 돌고래를 볼 수 있다.

# 은하수 보며 두 번 산다

문명사회에서 문화생활을 오래 해오던 사람에게는 제주도가 불편한 것이 한두 가지 있다.

밤문화에 익숙해 있는 젊은이에게는 제주도의 밤은 아무것도 할 수 없는 지루한 밤이다. 제주 시내를 벗어나면 건물의 불빛이 없고 가로등도 없다. 어느 곳에서도 네온 불빛은 볼 수 없고 교차로에 교통신호등마저 없다.

제주도의 시내 구간을 제외하고 모든 도로에 교통신호등이 없이 원형 로터리로 되어있다.

제주도 사람들은 해 뜨면 일하고 해지면 집으로 돌아가는 자연의 시계로 생활하는바 가로등이나 교통신호등은 의미가 없다. 그 대신 깊고 푸른 밤의 대자연의 새로운 세계를 만날 수 있다.

나에게 대자연의 은하수가 흐르는 찬란한 밤의 세계를 알게 해준 사람은 강희갑 사진작가이다.

산방산 근처에서 커피농장을 시작하고 3년 정도 지난 어느 날 강 작가가 카메라 여러 대를 메고 커피농장을 찾아왔다.

"선배님 오랜만입니다!"

그도 삼성 출신이다.

"산방산에 별 사진을 찍으러 왔는데 단산오름의 은하수를 찍어보려 해요. 이따 저녁 식사하고 다시 올 테니 선배님도 같이 찍지요."

"그럼 우리 카페건물에서도 은하수를 찍을 수 있나요?"

"물론이지요. 이곳은 주변에 불빛이 없어서 충분히 찍을 수 있지요."

같이 저녁 식사를 하고 밤이 오기를 기다렸다.

강 작가는 구글어스를 찾아서 단산오름에 은하수가 나타나는 시간과 각도를 찾아냈다. 이 지역 지리는 내가 잘 아는지라 2~30분 어두운 길을 돌아서 강 작가가 원하는 위치를 찾아냈다. 주변에 빛 간섭이 없어서 단산오름의 실루엣 위에 은하수가 폭포수처럼 쏟아지는 사진을 찍었다.

세상에 이런 어마어마한 은하수가 매일 밤마다 내 머리 위에 쏟아졌다니!

이어서 우리 카페건물 위에 쏟아지는 은하수 사진도 찍었다.

"선배님, 이 지역은 주변에 불빛이 없고 지나다니는 차도 없으니 별똥이 사진을 한번 찍어볼까요?"

그는 카메라를 카페 건물 앞에 고정시키고 30초 간격으로 셔터가 눌러지도록 세팅하였다.

"지구는 항상 돌고 있기에 30초 간격으로 10분 동안 사진을 찍으면 마치 별이 도는 것 같은 별똥이 사진이 찍히게 돼요."

셔터를 누르고 10분 동안 아무런 빛 간섭이 없었다.

잠시 후 카메라에는 우리 카페건물 위에 수많은 원형 별똥별이 찍혔다. 그날 이후 불빛 없는 제주도 시골에서 밤에만 볼 수 있는 은하수가 나라에서 두 번 사는 느낌이었다.

# 영리한 100세 DNA
# 오크통을 디자인한다

미국 대통령이었던 로널드 레이건도, 영국 수상이었던 마거 릿 대처도 알츠하이머병에 걸려서 사망했다. 아무리 부(富)와 명예가 있어도 헬스지능(두뇌)이 낮아지면 영리한 100세를 살 수 없다.

영리한 100세의 삶은 오크통에 담긴 와인과 같다. 튼튼한 오크나무 조각들이 빈틈없이 짜 맞추어진 오크통에 와인을 담 아야 한다. 5개의 오크나무 조각으로 통을 만든다면 이 5개의 나뭇조각들이 높이가 일정하게 맞아야 한다. 만약 이 5개의 나뭇조각 중 어느 하나가 낮으면 그 낮은 조각의 높이 만큼 와 인이 담겨진다.

영리한 100세 DNA의 다섯 가지 지능이 높이가 일정해야지

이중 어느 한 가지 지능이 낮으면 수명의 높이는 그 높이만큼 차지 않는다.

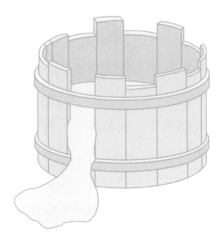

신체적으로 아무리 건강해도 두뇌건강을 잃으면 의미가 없다. 신체적으로나 두뇌적으로 건강하다 하더라도 재무적으로 빈곤을 면치 못하면 앞 두 요소도 쉽게 무너진다.

7~80세 나아가서 100세까지 아름다운 삶을 살려면 이들 요소가 조화롭게 유지되어야 한다.

오크통을 이루고 있는 어느 나뭇조각에서 균열이 생기거나 깨지게 되면 그 안에 아름다운 삶을 담을 수 없다.

나는 항상 '100세 DNA 오크통'을 생각하고 설계한다.

건강한 신체를 위해 식생활에 탄수화물을 줄이고 식물성 단백질 위주로 바꾸었다. 제주도에서 감귤을 먹지 않는다는 것은 거의 고통에 가까운 일이지만 달콤한 과일은 먹지 않는다.

다행히 이목구비(耳目口鼻)가 건강하여 책을 보고 음악을 듣는데 지장이 없다. 치아가 건강하여 잘 먹을 수 있어 좋고 활짝 웃는 모습을 보여 줄 수 있다. 틈나면 조금씩이라도 올레길을 걷는다.

카페안에서 손님이 없을 땐 뒤로 걷기, 발꿈치 세우기 등 가벼운 운동을 한다.

영업사원을 하였지만 술은 마시지 않았다. 양조장 주인을 하면서도 술은 테스팅 정도이지 마시지 않았다. 영업사원 시절에는 담배를 피웠지만, 매니저가 되면서 끊었다. 담배를 끊은 지 40년 되었다.

나는 두뇌건강에도 신경을 쓴다. 두뇌건강에 좋다고 하는 견과류와 다크 초콜릿을 챙겨먹는다.

독서를 통해 두뇌에 자극을 주고 음악을 들으며 안정시킨다. 글 쓰는 일을 꾸준히 해서 제주도에 내려온 10년 동안 책을 4권 출간했다. 사소한 일도 노트에 기록하여 건망증이 생기지 않도록 한다.

가장 두려운 치매에 걸리지 않으려고 밝게 웃고 긍정적 사고를 하고 새로운 일에 도전하여 두뇌활동이 위축되지 않도록 한다.

　나는 재무적 자립에 관심을 둔다. 신체적으로 건강하고 두뇌로 건강하더라도 재무적으로 문제가 생기면 애써 가꾸어 놓은 것들이 일시에 무너진다. 연금으로는 생활할 수 없다. 7~80세까지 재무적으로 자립할 수 있어야 한다. 사회적 활동을 하려면 신체적으로나 두뇌적으로도 건강을 유지해야 한다. 75세의 나이지만 카페의 바리스타 일을 하여 재무적으로 자립한다.

# 100세까지 일하고 싶다

근대사회의 독일 문호 괴테는 노인의 삶은 '상실의 삶'이라 했다.

시니어가 되면 건강, 친구, 일, 돈, 꿈을 상실한다고 했다. 현대사회가 되면서 시니어 중에서 건강, 친구, 일, 돈을 가지고 있으나 꿈이 없는 사람이 많다.

나의 지난 40년은 꿈을 좇아서 용감히 남들이 해보지 못한 일들을 도전했다. 35살에 100살까지 산다는 꿈을 꾸었고, 40살에 자유인이 되고 싶어서 삼성전자 임원을 그만두었다.

프리랜서로서 자유로운 생활이 직장생활을 할 때보다 수입이 더 좋았으나 IMF 외환위기를 맞아 파산했다. 어려운 시기였지만 작가로 변신하여 『총각네 야채가게』와 같은 베스트셀러를 내놓았다.

70여 권의 책을 내놓았지만 디지털 시대로 전환되면서 아날로그 책이 안 팔렸다.

시대의 변화를 동물적 감각으로 감지하고 아날로그 세계인 제주도로 용감히 이주했다.

제주도로 내려와서 첫 번째 사업은 3개월 만에 실패하고 카페로 전환했다. 커피에 대해 아무것도 모르고 카페를 시작했으나 기대 이상의 성공을 거두었다. 이때부터 제주형 커피를 만들겠다는 새로운 꿈을 꾸었다. 제주형 발효커피를 만들었고 한발 더 나아가서 제주도에서 커피를 재배하겠다고 커피농장을 만들었다. 제주에서 재배한 커피나무에서 생두를 생산하여 직접 로스팅한 제주커피를 카페에서 서빙하고 싶었다. 세계최초로 커피체리로 와인을 담가 보았고 그린빈을 발효시킨 커피와인으로 특허도 받았다.

이러한 독특한 커피응용기술이 해외로도 알려져서 2018년에는 미국 CNN방송에서 제주도까지 취재를 왔다. CNN Break news에 방송되었고 유튜브에도 Great big story로 올라가 있다.

한층 자신이 붙은 나는 커피와인을 수출하겠다는 꿈을 안고 하와이, 중국, 베트남, 미얀마 등을 누비고 다녔다. 커피와인을 증류하여 커피꼬냑을 만들어서 대한민국 주류대상도 받았다.

그러나 이 모든 노력에는 비용이 많이 들었지만, 매출은 신통치 않아서 회사를 폐업하고 커피농장은 매각해야 했다.

결국, 카페는 계속한다는 조건으로 커피농장을 매각했다. 언젠가는 재기한다는 꿈을 버릴 수 없었다. 75세의 신용불량자이자 개인파산 상태이지만 나는 제주형 커피를 다시 만들었다.

추위로 냉해를 입은 커피나무 중에 살아남은 나무가 몇 그루 보였다. 이 커피나무는 눈 속 영하기온에도 무가온으로 살아남은 것이다. 이 커피나무는 눈 속에서 자라는 나무이다.

커피농장에 스노우 그로우(Snow Grow) 커피나무존을 만들었다.

나는 75살이지만 100살까지는 아직도 25년이나 남아있다.

제주형 커피를 만들기 위해 구상나무 발효커피인 '100년 커피'를 고객이 즐길 수 있는 공간을 만들어서 제주커피를 널리 알리고 싶다.

나는 제주도에 내려온 지 11년 만에 세 번의 실패를 했다.

처음에는 웨딩포토 스튜디오 사업을 했으나 3개월 만에 실패했고 다음에는 커피농장을 하다가 실패, 또다시 커피와인을 하다가 완전히 실패했다. 그러나 100세까지 일하기 위한 '100세 DNA 경영'에는 실패해서는 안된다.

100세까지 일하려면 신체적으로 건강해야 하고 두뇌도 건강해야 한다. 지금 하고 있는 바리스타 일을 주 6일 일하고 싶다. 힘에 부치면 3일이라도 하고 싶다. 그마저 여의치 않으면 글을 쓰고 강의를 하고 싶다.

100세까지 일하는 것이 꿈이다.

버림받을 것인가, 설계할 것인가?
100세에도 일하고 싶은 바리스타

초판인쇄 | 2023년 9월  6일
초판발행 | 2023년 9월 13일

지은이 | 김영한
펴낸이 | 서영애
펴낸곳 | 대양미디어

04559 서울시 중구 퇴계로45길 22-6(일호빌딩) 602호
전화 | (02)2276-0078
팩스 | (02)2267-7888

ISBN 979-11-6072-116-4 03320

값 13,000원